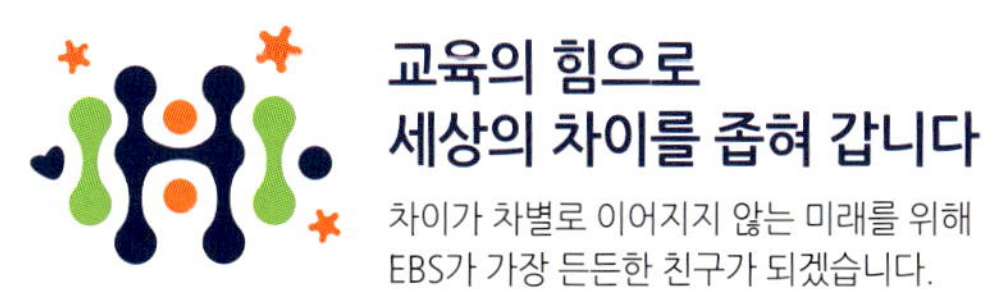

KB263171

기획 및 개발

EBS 교재 개발팀

본 교재의 강의는 TV와 모바일 APP, EBS*i* 사이트(www.ebsi.co.kr)에서 무료로 제공됩니다.

발행일 2024. 10. 1. **1쇄 인쇄일** 2024. 9. 24. **신고번호** 제2017-000193호 **펴낸곳** 한국교육방송공사 경기도 고양시 일산동구 한류월드로 281
표지디자인 디자인씨 **편집** 글사랑 **인쇄** 팩컴코리아(주)
인쇄 과정 중 잘못된 교재는 구입하신 곳에서 교환하여 드립니다. 신규 사업 및 교재 광고 문의 pub@ebs.co.kr

정답과 해설은 EBS*i* 사이트(www.ebsi.co.kr)에서 내려받으실 수 있습니다.

교재 내용 문의	교재 및 강의 내용 문의는 EBS*i* 사이트 (www.ebsi.co.kr)의 학습 Q&A 서비스를 활용하시기 바랍니다.	교재 정오표 공지	발행 이후 발견된 정오 사항을 EBS*i* 사이트 정오표 코너에서 알려 드립니다. **교재 ▶ 교재 자료실 ▶ 교재 정오표**	교재 정정 신청	공지된 정오 내용 외에 발견된 정오 사항이 있다면 EBS*i* 사이트를 통해 알려 주세요. **교재 ▶ 교재 정정 신청**

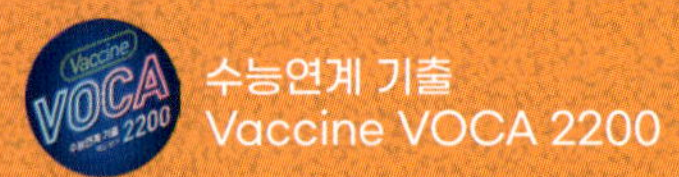

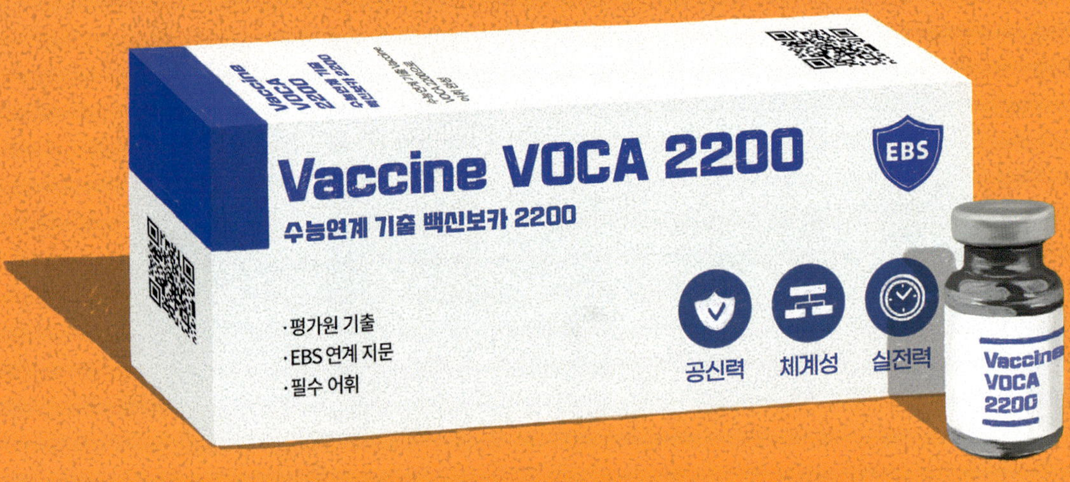

○ 수능 영단어장의 끝판왕!
10개년 수능 빈출 어휘 + 7개년 연계교재 핵심 어휘

○ 수능 적중 어휘 자동암기 3종 세트 제공
휴대용 포켓 단어장 / 표제어 & 예문 MP3 파일 / 수능형 어휘 문항 실전 테스트

미니모의고사로 만나는 수능연계 우수 문항집

수능
특강
Q
미니모의고사
14회분 수록

사회탐구영역
사회·문화

1 흔들리지 않는 수능 실전력 완성
2 역대 수능 연계교재 고퀄리티 문항 수록

- 한국교육과정평가원이 감수한 과년도 EBS 수능 연계교재의 우수 문항을 선제하여 미니모의고사 형태로 구성하였습니다.
- 목표 시간 내에 문제를 푸는 연습을 통해 실전에 대비할 수 있습니다.

학습자 스스로 문제의 핵심을 파악할 수 있도록 명확한 해설을 제공합니다. 잘 풀리지 않는 문제는 해설을 통해 확실히 이해할 수 있습니다.

이 책의 **차례**

※ 미니모의고사 학습 계획을 세우고 매일 실천해 보세요!
※ 풀이 시간과 틀린 문항을 정리해 복습에 활용하세요!

01회 미니모의고사

EBS 수능특강 Q 미니모의고사 **사회 · 문화**

O 알고 맞힘 /10   △ 헷갈림 /10   ✕ 모르고 틀림 /10

[24911-0001] O △ ✕

1 밑줄 친 ㉠~㉣과 같은 현상의 일반적인 특징에 대한 설명으로 옳은 것은?

㉠러시아의 우크라이나 침공으로 식량 위기가 커진 상황에서, 세계인의 식탁에는 또 하나의 비상등이 켜질 것으로 보인다. 미국 뉴욕타임스와 영국 가디언지에 따르면, 남서부 유럽의 폭염으로 유럽 연합(EU) 최대 밀 수출국인 프랑스에서는 밀 수확량이 작년보다 7.2% 줄어들 것으로 예상된다. 40℃를 웃도는 ㉡기록적 폭염과 가뭄으로 곡물이 마를 것을 우려한 농민들이 일찍 수확에 나섰기 때문이다. 이탈리아 정부 또한 최근 북부 지역에 비상사태를 선포했다. 70년 새 최악의 폭염으로 밀, 쌀 등 국가 전체 곡물의 40%가 생산되는 최대 곡창 지대인 ㉢북부 지역을 따라 흐르는 포강이 바싹 말라가고 있어 올해 수확량이 지난해보다 30%가량 줄어들 것으로 전망되기 때문이다. 이탈리아의 대표 작물인 올리브도 가뭄으로 인해 작황 부진에 시달리고 있다. ㉣토양의 수분이 심하게 부족해지면서 올리브 나무가 아직 열매를 맺지 못하고 있어 올해 이탈리아의 올리브유 생산량이 지난해보다 20~30% 줄어들 것으로 예상되고 있다.

① ㉠과 같은 현상은 ㉢과 같은 현상과 달리 몰가치적이다.

② ㉡과 같은 현상은 ㉣과 같은 현상과 달리 필연성의 원리가 적용된다.

③ ㉢과 같은 현상은 확률의 원리가, ㉣과 같은 현상은 확실성의 원리가 적용된다.

④ ㉠과 같은 현상은 ㉢, ㉣과 같은 현상과 달리 보편성과 특수성이 공존한다.

⑤ ㉠, ㉡과 같은 현상은 ㉢, ㉣과 같은 현상과 달리 존재 법칙의 지배를 받는다.

[24911-0002] O △ ✕

2 다음과 같이 사회·문화 현상을 바라보는 관점 A~C를 구분할 때, 질문에 모두 옳게 응답한 학생은? (단, A~C는 각각 기능론, 갈등론, 상징적 상호 작용론 중 하나임.)

'인간의 행위에 미치는 사회 구조의 영향력을 경시하는가?'라는 질문으로 A와 C를 구분할 수 없다. 그리고 '사회 제도가 특정 계급의 이익을 재생산하는 역할을 한다고 보는가?'라는 질문으로 B와 C를 구분할 수 있다.

질문 \ 학생	갑	을	병	정	무
A는 사회가 유기체와 같은 특성을 갖는다고 보는가?	O	✕	O	✕	O
B는 인간이 자율성을 갖는 능동적인 존재임을 간과하는가?	✕	O	✕	O	✕
C는 A와 달리 사회 문제를 병리적 현상으로 보는가?	O	O	✕	O	✕
A, C는 B와 달리 거시적인 측면에서 사회·문화 현상을 설명하는가?	O	O	✕	✕	O

(O: 예, ✕: 아니요)

① 갑　　② 을　　③ 병　　④ 정　　⑤ 무

[24911-0003] ○ △ ✕

3 다음 연구에 대한 옳은 설명만을 〈보기〉에서 고른 것은? [3점]

갑은 ㉠'도덕적으로 옳다고 생각하는 행동을 일상생활에서 실천하는 사람이 그렇지 않은 사람에 비해 행복한 삶을 살 가능성이 높을 것이다.'라는 가설을 검증하기 위해 연구 대상자 1,500명을 대상으로 성별과 함께 ㉡최근 1년 이내 기부 참여 여부, ㉢주관적 삶의 만족도 지수 등에 대한 자료를 수집하였다. 갑은 응답자의 주관적 삶의 만족도 지수를 '높음'과 '낮음'으로 나눈 뒤, 기부 참여 여부와 주관적 삶의 만족도 지수의 관계를 분석하였다.

한편 을은 ㉣남성과 여성 중 어느 성이 더 행복한 삶을 살 가능성이 높은지에 대한 가설을 세우고 행복한 삶을 살 가능성에 대해 갑과 동일하게 조작화한 뒤, 갑이 수집한 성별과 주관적 삶의 만족도 지수에 관한 자료를 분석하였다.

표는 갑의 분석 결과와 을의 분석 결과를 종합하여 재구성한 것이다. 갑과 을의 분석 결과는 통계적으로 유의미하였다.

(단위: 명)

주관적 삶의 만족도 지수 \ 기부 참여 여부 · 성별	기부 참여 여성	기부 참여 남성	기부 미참여 여성	기부 미참여 남성
높음	240	110	200	150
낮음	150	100	410	140

* 주관적 삶의 만족도 지수는 그 값이 클수록 자신의 삶에 만족함을 의미함.

〈 보기 〉

ㄱ. 갑의 연구는 을의 연구와 달리 방법론적 일원론에 기초한 연구이다.

ㄴ. ㉠은 기각되었다.

ㄷ. ㉡은 갑의 연구, ㉢은 갑과 을의 연구에서 변이에 대한 조작적 정의이다.

ㄹ. ㉣이 수용되었다면, ㉣은 '남성이 여성에 비해 행복한 삶을 살 가능성이 높을 것이다.'이다.

① ㄱ, ㄴ　　　② ㄱ, ㄷ　　　③ ㄴ, ㄷ
④ ㄴ, ㄹ　　　⑤ ㄷ, ㄹ

[24911-0004] ○ △ ✕

4 (가), (나)에 들어갈 수 있는 진술만을 〈보기〉에서 고른 것은?

교사: A와 B를 비교하여 설명해 보세요.

A와 B는 모두 사회 변동 방향을 설명하는 이론이다. A는 사회가 변동을 통해 단순한 사회로부터 보다 복잡하고 분화된 사회로 나아간다고 본다. B는 사회 변동이 사회가 생성, 성장, 쇠퇴, 소멸의 과정을 반복하는 과정이라고 본다.

갑: A는 B와 달리 　　(가)　　
을: B는 A와 달리 　　(나)　　
교사: 갑의 답변은 옳고, 을의 답변은 틀렸어요.

〈 보기 〉

ㄱ. (가) – 서구 중심적이라는 비판을 받습니다.

ㄴ. (가) – 미래 사회의 변동을 예측하여 대응하는 데 적합하지 않습니다.

ㄷ. (나) – 사회의 퇴보나 멸망을 설명하기 어렵습니다.

ㄹ. (나) – 운명론적 관점에서 사회 변동을 설명합니다.

① ㄱ, ㄴ　　　② ㄱ, ㄷ　　　③ ㄴ, ㄷ
④ ㄴ, ㄹ　　　⑤ ㄷ, ㄹ

[24911-0005] ○ △ ✕

5 다음 자료에 대한 설명으로 옳지 <u>않은</u> 것은?

교사: 개인과 사회의 관계를 바라보는 관점에는 A, B가 있습니다. 이에 대해 발표해 봅시다.

갑: A는 개인이 사회와의 관련 속에서만 존재 의미를 지닌다고 봅니다.

을: B는 사회 현상이 인간의 자율적 의지에 의해 형성된다고 봅니다.

병: B는 사회가 개인의 외부에서 개인의 사고와 행동을 구속하는 힘을 지닌다고 봅니다.

정: 　　(가)　　
교사: 한 학생만 틀리게 발표했네요.

① A는 사회가 개인의 외부에서 독자적으로 작동한다고 본다.

② B는 사회를 개인으로 환원하여 설명할 수 없다고 본다.

③ A는 B와 달리 사회에 대한 개인의 불가항력성을 강조한다.

④ B는 A와 달리 사회 문제의 원인을 사회 제도나 구조가 아닌 개인의 의식과 행동에서 찾는다.

⑤ (가)에는 'A는 사회가 개인의 총합 이상이라고 본다.'가 들어갈 수 있다.

[24911-0006] ○ △ ✕

6 다음 자료에 대한 옳은 설명만을 〈보기〉에서 있는 대로 고른 것은? (단, A~C는 각각 낙인 이론, 머튼의 아노미 이론, 차별 교제 이론 중 하나임.) [3점]

〈활동 과제〉

· 갑: A와 구분되는 B의 특징 서술하기
· 을: B와 구분되는 C의 특징 서술하기
· 병: C와 구분되는 A의 특징 서술하기

〈각 학생의 서술 내용 및 교사의 평가〉

학생	서술 내용	교사의 평가
갑	1차적 일탈보다 2차적 일탈의 발생 원인에 초점을 둔다.	옳은 내용을 적은 학생은 ㉠두 명임.
을	일탈 행동의 대책으로 문화적 목표에 도달할 수 있는 제도적 기회 제공을 제시한다.	
병	(가)	

〈 보기 〉

ㄱ. A가 차별 교제 이론이면, B는 일탈 행동을 규정하는 객관적인 기준이 없다고 본다.
ㄴ. ㉠이 갑과 을이면, B는 C와 달리 사회 구조적 차원에서 일탈 행동을 설명한다.
ㄷ. ㉠이 갑과 병이면, C는 B와 달리 차별적 제재를 일탈의 원인으로 본다.
ㄹ. ㉠이 을과 병이면, (가)에는 '부정적 자아가 형성되어 일탈 행동이 반복된다고 본다.'가 들어갈 수 있다.

① ㄱ, ㄴ 　② ㄱ, ㄹ 　③ ㄷ, ㄹ
④ ㄱ, ㄴ, ㄷ 　⑤ ㄴ, ㄷ, ㄹ

[24911-0007] ○ △ ✕

7 문화 변동과 관련하여 갑국~정국의 사례에 대한 설명으로 옳은 것은? [3점]

· 갑국 지도자 A는 을국 전통 종교에 관심을 가져 을국 선교사를 초청하였다. 이후 을국 선교사들의 노력과 을국 전통 종교에 심취하게 된 국민들에 의해 을국 전통 종교가 갑국 전통 종교의 자리를 대체하게 되었다.
· 을국 지도자 B는 강력한 해군력을 바탕으로 하여 식민지를 여러 곳에 건설하였다. B에 의해 임명받은 각 식민지의 총독들은 해당 지역에 을국의 전통 종교를 이식하며 토착 종교를 소멸시켰는데, 실제 사례가 병국이다.
· 정국 지도자 C는 을국의 전통 종교 선교사들이 비밀리에 정국에 들어왔다는 보고를 받고 선교 활동을 강력하게 규제하는 정책을 시행하도록 하였다. 이후 정국에서 을국의 전통 종교를 찾아볼 수 없게 되었다.

① 갑국에서는 자발적 문화 접변에 의해 자문화의 정체성이 상실되었다.
② 을국에서는 강제적 문화 접변에 의한 문화 병존이 나타났다.
③ 병국에서는 외래문화 요소가 변형된 후 제3의 새로운 문화 요소가 등장하였다.
④ 정국에서는 새로운 문화에 대한 문화 충격으로 인해 아노미가 나타났다.
⑤ 갑국, 병국, 정국에서는 모두 외재적 요인에 의한 문화 변동이 나타났다.

[24911-0008] ○ △ ✕

8 다음 자료에 대한 옳은 분석만을 〈보기〉에서 고른 것은? (단, 갑국에서 모든 부모의 자녀는 1명씩임.)

갑국의 부모 세대에서 상층 비율 : 중층 비율 : 하층 비율은 3 : 7 : 10이다. 갑국에서 부모와 자녀의 계층을 비교할 경우, 자녀 세대 전체 인구 중 부모와 계층이 일치 또는 불일치하는 인구의 비율은 다음과 같다.

(단위: %)

자녀의 계층	부모의 계층과 비교한 자녀의 계층			계
	일치함	높음	낮음	
상층	9	㉠	㉡	16
중층	28	27	5	60
하층	21	㉢	㉣	24

〈 보기 〉

ㄱ. ㉠과 ㉢의 합이 ㉡과 ㉣의 합보다 크다.

ㄴ. 부모 세대 각 계층 중 자녀로의 계층 대물림 비율은 중층이 가장 높다.

ㄷ. 부모가 중층에 해당하는 자녀 중 세대 간 하강 이동한 자녀가 상승 이동한 자녀보다 많다.

ㄹ. 상층에서 하층으로 세대 간 이동한 자녀가 하층에서 상층으로 세대 간 이동한 자녀보다 많다.

① ㄱ, ㄴ ② ㄱ, ㄷ ③ ㄴ, ㄷ
④ ㄴ, ㄹ ⑤ ㄷ, ㄹ

[24911-0009] ○ △ ✕

9 다음 자료에 대한 설명으로 옳은 것은? (단, A~C는 각각 가족, 사내 동호회, 회사 중 하나임.) [3점]

• '공식 조직에 해당하는가?'라는 질문에 대한 ㉠A, B의 응답은 같다.

• '본질 의지에 의해 자연스럽게 형성되는가?'라는 질문에 대한 ㉡B, C의 응답은 같다.

• ⃞ (가) ⃞라는 질문에 대한 A, C의 응답은 같다.

① ㉠은 '아니요', ㉡은 '예'이다.
② A는 간접적인 접촉이 중심이 되는 집단이다.
③ B는 자발적 결사체이자 공동 사회에 해당한다.
④ C는 2차 집단이자 이익 사회에 해당한다.
⑤ (가)에는 '1차 집단에 해당하는가?'가 들어갈 수 있다.

[24911-0010] ○ △ ✕

10 다음 자료에 대한 옳은 분석만을 〈보기〉에서 있는 대로 고른 것은? [3점]

갑국에서 t년에 전체 인구 중 0~14세 인구가 차지하는 비율은 t년에 전체 인구 중 65세 이상 인구가 차지하는 비율의 2배이다. 전체 인구 중 65세 이상 인구가 차지하는 비율은 t+50년이 t년의 1.2배이다. 단, t년과 t+50년에 15~64세 인구는 동일하다. 표는 갑국의 연도별 총부양비를 나타낸 것이다.

구분	t년	t+50년
총부양비	300	100

* 총부양비={(0~14세 인구+65세 이상 인구)/15~64세 인구}×100
** 노령화 지수=(65세 이상 인구/0~14세 인구)×100
*** 유소년 부양비=(0~14세 인구/15~64세 인구)×100

〈 보기 〉

ㄱ. t+50년 노령화 지수는 t년 노령화 지수의 3배이다.

ㄴ. t+50년 유소년 부양비는 t년 유소년 부양비의 5배이다.

ㄷ. t년 대비 t+50년에 전체 인구는 50% 감소하였다.

ㄹ. t년 대비 t+50년에 0~14세 인구 감소율은 65세 이상 인구 감소율의 2배이다.

① ㄱ, ㄴ ② ㄱ, ㄷ ③ ㄴ, ㄹ
④ ㄱ, ㄷ, ㄹ ⑤ ㄴ, ㄷ, ㄹ

02회 미니모의고사

EBS 수능특강 Q 미니모의고사 **사회 · 문화**

○ 알고 맞힘 ____ /10   △ 헷갈림 ____ /10   ✕ 모르고 틀림 ____ /10

[24911-0011] ○ △ ✕

1 개인과 사회의 관계를 바라보는 관점 (가), (나)에 대한 옳은 설명만을 〈보기〉에서 있는 대로 고른 것은?

> (가) 개인(individual)은 '잘라질 수 없는 것' 혹은 '분할될 수 없는 것'이라는 뜻을 가진 희랍어에서 유래하였다. 그래서 고대나 중세에는 개인이 사물을 구성하는 원자라는 말과 동의어로 쓰이기도 했다. 개인과 사회의 관계는 원자와 사물의 관계와 동일하다. 사물이 그것을 구성하는 원자들의 집합체에 불과하듯이 사회도 개인들의 집합체에 불과한 것이다.
>
> (나) 고양이 눈은 전체로서의 고양이라는 유기체에 연결되어 있는 경우에만 눈으로서의 의미를 가진다. 개인과 사회의 관계는 고양이 눈과 고양이라는 유기체의 관계와 동일하다. 개인은 사회 속에서만 의미를 가지는 존재에 불과하기 때문에 개인의 행위는 사회 전체와의 유기적 연관성하에서 이해되고 평가되어야 하는 것이다.

〈 보기 〉

ㄱ. (가)는 개인이 능동적인 상호 작용을 통해 사회의 모습을 만들어 간다고 본다.
ㄴ. (나)는 사회의 특성이 개개인의 특성으로 고스란히 환원된다고 본다.
ㄷ. (가)는 (나)와 달리 개인이 사회에 의해 구조화된 행동을 한다고 본다.
ㄹ. (나)는 (가)와 달리 개인보다 사회가 우월한 가치를 갖는다고 본다.

① ㄱ, ㄷ   ② ㄱ, ㄹ   ③ ㄴ, ㄷ
④ ㄱ, ㄴ, ㄹ   ⑤ ㄴ, ㄷ, ㄹ

[24911-0012] ○ △ ✕

2 사회 · 문화 현상을 바라보는 관점을 활용한 다음 게임에 대한 설명으로 옳은 것은? [3점]

> ⊙갑~병 세 사람이 각각 2장의 카드를 아래 그림과 같이 배부받은 후, ⓛ갑은 을의 카드 중 1장을, 을은 병의 카드 중 1장을, 병은 갑의 카드 중 1장을 임의로 가져갔다. 갑~병이 각각 2장의 카드로 획득한 점수를 계산해 보니 갑은 2점, 을은 3점, 병은 ____ⓒ____ 을 얻었다. 단, 각 카드의 내용이 기능론, 갈등론, 상징적 상호 작용론 중 하나에만 해당하면 1점, 두 개에만 해당하면 2점, 세 개 모두에 해당하면 3점을 부여한다.

〈갑〉	〈을〉	〈병〉
개인의 상황 정의를 중시한다.	개인의 행위보다 사회 구조를 강조한다.	사회 · 문화 현상을 거시적 관점에서 이해한다.
사회 질서가 유지되는 이유를 설명할 수 있다.	대립과 갈등을 사회의 본질적 속성으로 본다.	사회는 유기체와 유사한 특성을 지닌다고 본다.

① ⊙이 행해졌을 때 을이 배부받은 카드의 점수 합은 2점이다.
② ⊙이 행해졌을 때 병에게는 갈등론에 해당하는 내용이 적힌 카드가 없었다.
③ ⓛ에서 갑은 기능론과 갈등론 모두에 해당하는 내용이 적힌 을의 카드를 가져왔다.
④ ⓛ이 행해진 후 을은 갈등론에 해당하는 내용이 적힌 카드만을 갖게 된다.
⑤ ⓒ은 '5점'이다.

3 다음 자료에 대한 옳은 설명만을 〈보기〉에서 있는 대로 고른 것은? [3점]

- 연구 주제: 또래 멘토링 프로그램이 고등학생들의 학습 동기 및 사회성 발달에 미치는 영향
- 연구 가설
  - 연구 가설 1: 또래 멘토링 프로그램은 ㉠고등학생들의 학습 동기를 향상시킬 것이다.
  - 연구 가설 2: <u>(가)</u>
- 연구 설계 및 자료 수집: ㉡○○ 고등학교 학생 200명을 무작위로 선정하여 A, B 집단에 각각 100명씩 임의로 배정함. 6개월간 A 집단의 학생들에게는 ㉢또래 멘토링 프로그램을 실시하고, B 집단의 학생들에게는 또래 멘토링 프로그램을 실시하지 않은 채 생활하게 하였음. ㉣학습 동기와 ㉤사회성 발달을 측정할 수 있게 개발된 검사지를 활용하여, 또래 멘토링 프로그램을 실시하기 전과 후에 A 집단과 B 집단의 학습 동기와 사회성 발달을 각각 측정함.
- 자료 분석 및 가설 검증: 자료 분석 결과는 다음과 같으며, 통계적으로 유의미하였음. 연구 가설 1과 연구 가설 2 중 하나만 수용됨.

(단위: 점)

구분		A 집단	B 집단
학습 동기 점수	사전 검사	65	66
	사후 검사	80	67
사회성 발달 점수	사전 검사	72	71
	사후 검사	71	70

* 학습 동기 점수와 사회성 발달 점수는 각각 100점 만점이며, 점수가 클수록 학습 동기 또는 사회성 발달 정도가 높음을 의미함.
** 표의 점수는 각 집단의 평균 점수임

─〈 보기 〉─

ㄱ. ㉠은 모집단, ㉡은 실험 집단이다.
ㄴ. ㉢은 독립 변인, ㉣과 ㉤은 종속 변인이다.
ㄷ. 종속 변인에 대한 개념의 조작적 정의가 이루어졌을 것이다.
ㄹ. (가)에는 '또래 멘토링 프로그램은 고등학생들의 사회성 발달을 촉진시킬 것이다.'가 들어갈 수 있다.

① ㄱ, ㄴ   ② ㄱ, ㄹ   ③ ㄷ, ㄹ
④ ㄱ, ㄴ, ㄷ   ⑤ ㄴ, ㄷ, ㄹ

4 밑줄 친 ㉠~㉧에 대한 설명으로 옳은 것은?

갑은 국민 참여 재판의 배심원으로 참석해 달라는 등기 우편을 받았다. 갑은 ㉠첫째 딸의 ㉡초등학교 학예제 날과 국민 참여 재판 참석을 요청받은 날이 겹쳐 불참 의사를 밝히려 했으나, 갑의 ㉢아내인 을은 국민 참여 재판 참석을 권유했고, 갑은 배심원 선정 기일 아침 ㉣○○ 지방 법원을 찾아갔다. ㉤배심원 후보자의 기피 신청을 위한 ㉥검사, 변호인과의 질의 · 응답 후 갑은 배심원으로 선정되었다. 늦은 밤까지 증거 조사가 진행되었지만 배심원들 간에 서로 의견이 달라 의견 조율 과정에서 ㉦갈등이 있었다. 배심원단은 치열한 재논의 끝에 유죄에 대한 평결서를 작성하였고, ㉧재판장은 최종적으로 피고인에게 ㉨유죄를 선고하였다.

① ㉠, ㉢은 ㉧과 달리 귀속 지위이다.
② ㉡은 공식적 사회화 기관, ㉣은 2차적 사회화 기관이다.
③ ㉤은 ㉥에 의한 재사회화 과정을 통해 획득한 지위이다.
④ ㉦은 갑의 역할 갈등에 해당한다.
⑤ ㉨은 갑의 역할 행동에 해당한다.

5 밑줄 친 ㉠~㉢과 같은 현상의 일반적인 특징에 대한 설명으로 옳은 것은?

일조 시간이 단축되어 햇빛을 받는 양이 줄어드는 겨울철에는 에너지 부족, 활동량 저하, ㉠과수면 등의 생화학적 반응으로 인해 우울감을 느끼는 사람들이 많다. 이를 '계절성 우울증'이라고 하는데, 계절성 우울증 환자의 경우 환경의 변화에 적합하게 반응할 수 있는 능력이 저하되어 있는 경우가 많다. 전문가들은 낮 동안의 활동량을 늘려 햇볕을 쬐는 것이 중요하며 ㉡규칙적이고 균형 잡힌 영양 섭취를 하는 것이 필요하다고 조언한다. 그럼에도 불구하고 증상이 낫지 않는 경우 ㉢전문 의료 기관을 찾아 치료를 고려하는 것이 바람직하다고 덧붙였다.

① ㉠과 같은 현상은 확률의 원리를 따른다.
② ㉡과 같은 현상은 몰가치적이다.
③ ㉢과 같은 현상은 존재 법칙의 지배를 받는다.
④ ㉠과 같은 현상이 영향을 미쳐 ㉢과 같은 현상이 나타날 수 있다.
⑤ ㉡과 같은 현상은 ㉢과 같은 현상에 비해 인과 관계가 분명하게 나타난다.

[24911-0016] ○ △ ✕

6 다음 자료에 대한 설명으로 옳은 것은? (단, A~D는 각각 공유성, 변동성, 전체성, 학습성 중 하나임.)

> 교사: 문화의 속성 A~D 중 갑은 A, 을은 B, 병은 C, 정은 D가 부각된 사례를 제시해 보세요.
>
> 갑: 우리나라 사람들은 식당에서 음식을 주문할 때 자연스럽게 '이모'라고 부르는데, 이에 대해 식당 점원이 '나는 당신 엄마의 여자 형제가 아니에요.'라고 응답하는 상황은 발생하지 않습니다.
>
> 을: 우리 민족이라고 하더라도 미국에서 태어나고 자란 사람은 어려서부터 접한 미국의 음식 문화를 가지고 살아갑니다.
>
> 병: 조선 후기의 탈춤에는 당시 서민들의 가치관, 신분 제도, 경제 생활 양식 등이 담겨 있습니다.
>
> 정: (가)
>
> 교사: 갑, 을, 정과 달리 병은 적절한 사례를 제시하지 못했습니다.

① A는 한 사회 구성원 간 의사소통의 효율성을 높이는 데 기여한다.

② B는 문화가 시간이 흐르면서 그 형태나 의미가 지속적으로 변화하는 생활 양식임을 의미하는 속성이다.

③ C는 문화의 각 부분이 유기적으로 관련을 맺고 있음을 의미하는 속성이다.

④ 자녀 세대가 부모 세대와 동일한 문화를 향유하게 되는 이유를 설명하는 데에는 B가 아닌 C가 적합하다.

⑤ (가)에는 '우리나라에 과거와 달리 화장을 하는 남자들이 늘고 있습니다.'가 들어갈 수 있다.

[24911-0017] ○ △ ✕

7 표에 대한 옳은 분석만을 〈보기〉에서 고른 것은? (단, 2000년에 갑국 전체 가구 중 빈곤 가구의 비율은 20%임.) [3점]

〈갑국의 빈곤 가구 관련 지표의 변동 양상〉

(단위: %)

구분	2010년	2020년
10년 전 대비 전체 가구 증가율	20	25
전체 가구 중 빈곤 가구의 비율	20	20
빈곤 탈출률	40	30

* 빈곤 탈출률은 10년 전 빈곤 가구 중 해당 연도에는 비빈곤 가구에 속해 있는 가구의 비율을 말함.

** 조사 기간 동안 갑국에서 새롭게 형성된 가구는 있으나 사라진 가구는 없음.

〈 보기 〉

ㄱ. 2000년 대비 2020년에 전체 가구 증가율은 45%이다.

ㄴ. 10년 전 대비 빈곤 가구 증가율은 2020년이 2010년보다 크다.

ㄷ. 비빈곤 가구 중 빈곤 탈출 가구의 비율은 2010년이 2020년보다 크다.

ㄹ. 2010년과 2020년 모두 빈곤 가구 중 10년 전에도 빈곤 가구인 가구가 과반수이다.

① ㄱ, ㄴ   ② ㄱ, ㄷ   ③ ㄴ, ㄷ

④ ㄴ, ㄹ   ⑤ ㄷ, ㄹ

[24911-0018]

8 밑줄 친 ㉠, ㉡에 대한 설명으로 옳은 것은?

> • 갑국에서는 미세 플라스틱이 강과 바다로 흘러들어 가 해양 오염을 유발하고, 인체에도 유해하다는 연구 결과에 따라 국제 환경 단체인 그린피스가 중심이 되고 다수의 시민이 참여한 ㉠미세 플라스틱 사용 중지 운동이 일어났다. 이 같은 노력의 결과로 결국 미세 플라스틱의 사용이 금지되었다.
> • 여성이 오늘날처럼 정치에 참여할 수 있는 권리를 얻게 된 것은 그리 오래된 일이 아니며 쉽게 얻은 것도 아니다. 을국에서는 1918년에 30세 이상 여성에게 참정권이 주어지기 시작하였고, 병국 전체의 여성 참정권이 정식으로 인정된 것은 1920년이다. 이는 20세기 초부터 수많은 여성의 희생과 노력을 바탕으로 지속적인 ㉡여성 참정권 운동이 이어진 결과이다.

① ㉠은 일시적이고 즉흥적인 감정에 따른 다수의 행동이다.

② ㉡은 과거의 전통적인 사회 유형으로 되돌아가려는 다수의 행동이다.

③ ㉠은 ㉡과 달리 행동을 정당화하는 이념을 가지고 있다.

④ ㉡은 ㉠과 달리 사회가 안고 있는 문제점을 드러내는 데 기여할 수 있다.

⑤ ㉠, ㉡은 모두 뚜렷한 목표와 체계적 행동 계획을 바탕으로 한 다수의 행동이다.

[24911-0019]

9 다음 자료에 대한 분석으로 옳은 것은? [3점]

> 표는 갑국의 노년 부양비와 노령화 지수를 나타낸 것이다. 단, 갑국의 15~64세 인구는 t+50년이 t년의 2배이다.
>
> | 구분 | t년 | t+50년 |
> | --- | --- | --- |
> | 노년 부양비 | 75 | 125 |
> | 노령화 지수 | 60 | 500 |
>
> * 노년 부양비=(65세 이상 인구/15~64세 인구)×100
> ** 노령화 지수=(65세 이상 인구/0~14세 인구)×100
> *** 총부양비={(0~14세 인구+65세 이상 인구)/15~64세 인구}×100

① t년에 65세 이상 인구는 전체 인구의 30%를 넘는다.

② t+50년에 0~14세 인구는 15~64세 인구의 4배이다.

③ t년 대비 t+50년에 0~14세 인구는 40% 감소하였다.

④ t+50년 65세 이상 인구는 t년 0~14세 인구의 2배이다.

⑤ 총부양비는 t+50년이 t년보다 크다.

[24911-0020]

10 다음 자료에 대한 옳은 분석만을 〈보기〉에서 있는 대로 고른 것은? (단, 갑국의 사회 보장 제도는 우리나라의 사회 보장 제도와 동일함.) [3점]

> 〈자료 1〉 갑국의 사회 보장 제도
>
> (가) 노령, 장애, 사망 시 본인 또는 가족에게 연금 급여를 실시하여 기본 생활을 유지할 수 있도록 하는 제도
> (나) 65세 이상의 노인 중 가구의 소득 인정액이 선정 기준액 이하인 노인에게 연금을 지급하여 노인의 안정된 노후 생활을 지원하는 제도
>
> 〈자료 2〉 갑국의 65세 이상 인구 중 (가), (나) 수급자 비율   (단위: %)
>
> | 구분 | 남성 | 여성 | 전체 |
> | --- | --- | --- | --- |
> | (가)의 수급자 | 48 | 54 | 52 |
> | (나)의 수급자 | 28 | 34 | 32 |
> | (가)와 (나)의 중복 수급자 | 8 | 14 | 12 |
>
> * 해당 집단의 수급자 비율(%)=(해당 집단의 수급자 수/해당 집단의 인구)×100

〈 보기 〉

ㄱ. 65세 이상 인구 중 여성 인구는 남성 인구의 2배이다.

ㄴ. 65세 이상 인구 중 사후 처방적 성격이 강한 제도의 수급자 수는 과반수이다.

ㄷ. 보편적 복지 이념에 기초한 제도에 대해서만 수급자인 65세 이상 남성 수와 65세 이상 여성 수는 같다.

ㄹ. (가), (나) 어느 제도의 수급자도 아닌 65세 이상 남성 수는 (가)와 (나)의 중복 수급자인 65세 이상 남성 수의 4배이다.

① ㄱ, ㄴ   ② ㄱ, ㄹ   ③ ㄴ, ㄷ

④ ㄱ, ㄴ, ㄹ   ⑤ ㄴ, ㄷ, ㄹ

03회 미니모의고사

EBS 수능특강 Q 미니모의고사 **사회 · 문화**

○ 알고 맞힘 ___ /10   △ 헷갈림 ___ /10   ✕ 모르고 틀림 ___ /10

[24911-0021] ○ △ ✕

1 밑줄 친 ㉠~㉢과 같은 현상의 일반적인 특징에 대한 질문에 모두 옳게 응답한 학생은?

> 지구 온난화로 빙하가 녹아 해수면이 상승하고 있지만, 정작 '빙하의 나라'인 ㉠아이슬란드의 해수면은 내려가는 중이라고 미국 CNN 방송이 보도하였다. 거대한 빙하는 주변 바닷물을 끌어당기는 인력이 센데, ㉡빙하가 녹아 질량이 작아지면서 주변 바닷물을 끌어당기는 힘이 약해져 결국 빙하 테두리에서는 해수면이 낮아지게 된다고 CNN은 설명하였다. 미국 항공우주국(NASA)도 그린란드 빙하 등이 녹아서 ㉢세계 해수면이 평균 1m 오르면 아이슬란드 주변 해수면은 20cm 내려갈 수 있다고 추정하였다.

질문＼학생	갑	을	병	정	무
㉠과 같은 현상은 ㉡과 같은 현상과 달리 동일한 조건에서 항상 동일한 결과가 나타나는가?	○	✕	○	✕	✕
㉡과 같은 현상은 ㉢과 같은 현상과 달리 과학적 탐구가 가능한가?	○	✕	✕	○	✕
㉠, ㉢과 같은 현상은 ㉡과 같은 현상과 달리 가치 함축적인가?	✕	○	○	✕	○
㉠~㉢과 같은 현상은 모두 인간의 생활에 영향을 미칠 수 있는가?	○	✕	✕	○	○

(○: 예, ✕: 아니요)

① 갑   ② 을   ③ 병   ④ 정   ⑤ 무

[24911-0022] ○ △ ✕

2 다음 연구에 대한 옳은 설명만을 〈보기〉에서 있는 대로 고른 것은? [3점]

- 연구 개요: 어린 자녀가 있는 맞벌이 가구 여성의 경제 활동이 보육 시설 이용에 미치는 영향을 알아보기 위해 ㉠'고소득자인 여성이 저소득자인 여성보다 보육 시설을 더 이용할 것이다.', ㉡'가구 소득 중 여성의 소득 비율이 높은 가구의 여성이 그렇지 않은 가구의 여성보다 보육 시설을 더 이용할 것이다.'라는 연구 가설을 설정하고 이를 검증함.
- 연구 설계 및 자료 수집: ㉢○○시에서 어린 자녀가 있는 맞벌이 가구 여성 600명을 무작위로 선정하여 가구 소득, 여성 소득, ㉣자녀의 어린이집 이용 여부에 대해 설문 조사를 실시함.
- 자료 분석 결과

(단위: %)

소득 수준＼어린이집 이용 여부＼가구 소득 중 여성의 소득 비율	㉤고소득자 여성 이용함	㉤고소득자 여성 이용하지 않음	㉥저소득자 여성 이용함	㉥저소득자 여성 이용하지 않음
높음	80	20	60	40
낮음	65	35	45	55
전체	75	25	55	45

*자료 수집 시 무응답은 없으며, 고소득자인 여성과 저소득자인 여성의 응답자 수는 같고, 분석 결과는 통계적으로 유의미함.

〈 보기 〉

ㄱ. 분석 결과, ㉠과 ㉡은 모두 수용되었다.
ㄴ. ㉢으로 인해 표본의 대표성이 확보되었다.
ㄷ. ㉣을 통해 종속 변인에 대한 조작적 정의가 이루어졌음을 알 수 있다.
ㄹ. ㉤은 실험 집단, ㉥은 통제 집단이다.

① ㄱ, ㄷ   ② ㄴ, ㄷ   ③ ㄴ, ㄹ
④ ㄱ, ㄴ, ㄹ   ⑤ ㄱ, ㄷ, ㄹ

[24911-0013] ○ △ ✕

3 다음 자료에 대한 옳은 설명만을 〈보기〉에서 있는 대로 고른 것은? [3점]

- 연구 주제: 또래 멘토링 프로그램이 고등학생들의 학습 동기 및 사회성 발달에 미치는 영향
- 연구 가설
  - 연구 가설 1: 또래 멘토링 프로그램은 ㉠고등학생들의 학습 동기를 향상시킬 것이다.
  - 연구 가설 2: (가)
- 연구 설계 및 자료 수집: ㉡○○ 고등학교 학생 200명을 무작위로 선정하여 A, B 집단에 각각 100명씩 임의로 배정함. 6개월간 A 집단의 학생들에게는 ㉢또래 멘토링 프로그램을 실시하고, B 집단의 학생들에게는 또래 멘토링 프로그램을 실시하지 않은 채 생활하게 하였음. ㉣학습 동기와 ㉤사회성 발달을 측정할 수 있게 개발된 검사지를 활용하여, 또래 멘토링 프로그램을 실시하기 전과 후에 A 집단과 B 집단의 학습 동기와 사회성 발달을 각각 측정함.
- 자료 분석 및 가설 검증: 자료 분석 결과는 다음과 같으며, 통계적으로 유의미하였음. 연구 가설 1과 연구 가설 2 중 하나만 수용됨.

(단위: 점)

구분		A 집단	B 집단
학습 동기 점수	사전 검사	65	66
	사후 검사	80	67
사회성 발달 점수	사전 검사	72	71
	사후 검사	71	70

* 학습 동기 점수와 사회성 발달 점수는 각각 100점 만점이며, 점수가 클수록 학습 동기 또는 사회성 발달 정도가 높음을 의미함.
** 표의 점수는 각 집단의 평균 점수임.

〈 보기 〉
ㄱ. ㉠은 모집단, ㉡은 실험 집단이다.
ㄴ. ㉢은 독립 변인, ㉣과 ㉤은 종속 변인이다.
ㄷ. 종속 변인에 대한 개념의 조작적 정의가 이루어졌을 것이다.
ㄹ. (가)에는 '또래 멘토링 프로그램은 고등학생들의 사회성 발달을 촉진시킬 것이다.'가 들어갈 수 있다.

① ㄱ, ㄴ ② ㄱ, ㄹ ③ ㄷ, ㄹ
④ ㄱ, ㄴ, ㄷ ⑤ ㄴ, ㄷ, ㄹ

[24911-0014] ○ △ ✕

4 밑줄 친 ㉠~㉨에 대한 설명으로 옳은 것은?

갑은 국민 참여 재판의 배심원으로 참석해 달라는 등기 우편을 받았다. 갑은 ㉠첫째 딸의 ㉡초등학교 학예제 날과 국민 참여 재판 참석을 요청받은 날이 겹쳐 불참 의사를 밝히려 했으나, 갑의 ㉢아내인 을은 국민 참여 재판 참석을 권유했고, 갑은 배심원 선정 기일 아침 ㉣○○ 지방 법원을 찾아갔다. ㉤배심원 후보자의 기피 신청을 위한 ㉥검사, 변호인과의 질의·응답 후 갑은 배심원으로 선정되었다. 늦은 밤까지 증거 조사가 진행되었지만 배심원들 간에 서로 의견이 달라 의견 조율 과정에서 ㉦갈등이 있었다. 배심원단은 치열한 재논의 끝에 유죄에 대한 평결서를 작성하였고, ㉧재판장은 최종적으로 피고인에게 ㉨유죄를 선고하였다.

① ㉠, ㉢은 ㉧과 달리 귀속 지위이다.
② ㉡은 공식적 사회화 기관, ㉣은 2차적 사회화 기관이다.
③ ㉥은 ㉥에 의한 재사회화 과정을 통해 획득한 지위이다.
④ ㉦은 갑의 역할 갈등에 해당한다.
⑤ ㉨은 갑의 역할 행동에 해당한다.

[24911-0015] ○ △ ✕

5 밑줄 친 ㉠~㉢과 같은 현상의 일반적인 특징에 대한 설명으로 옳은 것은?

일조 시간이 단축되어 햇빛을 받는 양이 줄어드는 겨울철에는 에너지 부족, 활동량 저하, ㉠과수면 등의 생화학적 반응으로 인해 우울감을 느끼는 사람들이 많다. 이를 '계절성 우울증'이라고 하는데, 계절성 우울증 환자의 경우 환경의 변화에 적합하게 반응할 수 있는 능력이 저하되어 있는 경우가 많다. 전문가들은 낮 동안의 활동량을 늘려 햇볕을 쬐는 것이 중요하며 ㉡규칙적이고 균형 잡힌 영양 섭취를 하는 것이 필요하다고 조언한다. 그럼에도 불구하고 증상이 낫지 않는 경우 ㉢전문 의료 기관을 찾아 치료를 고려하는 것이 바람직하다고 덧붙였다.

① ㉠과 같은 현상은 확률의 원리를 따른다.
② ㉡과 같은 현상은 몰가치적이다.
③ ㉢과 같은 현상은 존재 법칙의 지배를 받는다.
④ ㉠과 같은 현상이 영향을 미쳐 ㉢과 같은 현상이 나타날 수 있다.
⑤ ㉡과 같은 현상은 ㉢과 같은 현상에 비해 인과 관계가 분명하게 나타난다.

6

[24911-0016] ○ △ ✕

다음 자료에 대한 설명으로 옳은 것은? (단, A~D는 각각 공유성, 변동성, 전체성, 학습성 중 하나임.)

교사: 문화의 속성 A~D 중 갑은 A, 을은 B, 병은 C, 정은 D 가 부각된 사례를 제시해 보세요.

갑: 우리나라 사람들은 식당에서 음식을 주문할 때 자연스럽게 '이모'라고 부르는데, 이에 대해 식당 점원이 '나는 당신 엄마의 여자 형제가 아니에요.'라고 응답하는 상황은 발생하지 않습니다.

을: 우리 민족이라고 하더라도 미국에서 태어나고 자란 사람은 어려서부터 접한 미국의 음식 문화를 가지고 살아갑니다.

병: 조선 후기의 탈춤에는 당시 서민들의 가치관, 신분 제도, 경제 생활 양식 등이 담겨 있습니다.

정: ________________(가)________________

교사: 갑, 을, 정과 달리 병은 적절한 사례를 제시하지 못했습니다.

① A는 한 사회 구성원 간 의사소통의 효율성을 높이는 데 기여한다.

② B는 문화가 시간이 흐르면서 그 형태나 의미가 지속적으로 변화하는 생활 양식임을 의미하는 속성이다.

③ C는 문화의 각 부분이 유기적으로 관련을 맺고 있음을 의미하는 속성이다.

④ 자녀 세대가 부모 세대와 동일한 문화를 향유하게 되는 이유를 설명하는 데에는 B가 아닌 C가 적합하다.

⑤ (가)에는 '우리나라에 과거와 달리 화장을 하는 남자들이 늘고 있습니다.'가 들어갈 수 있다.

7

[24911-0017] ○ △ ✕

표에 대한 옳은 분석만을 〈보기〉에서 고른 것은? (단, 2000년에 갑국 전체 가구 중 빈곤 가구의 비율은 20%임.) [3점]

〈갑국의 빈곤 가구 관련 지표의 변동 양상〉

(단위: %)

구분	2010년	2020년
10년 전 대비 전체 가구 증가율	20	25
전체 가구 중 빈곤 가구의 비율	20	20
빈곤 탈출률	40	30

* 빈곤 탈출률은 10년 전 빈곤 가구 중 해당 연도에는 비빈곤 가구에 속해 있는 가구의 비율을 말함.

** 조사 기간 동안 갑국에서 새롭게 형성된 가구는 있으나 사라진 가구는 없음.

〈 보기 〉

ㄱ. 2000년 대비 2020년에 전체 가구 증가율은 45%이다.

ㄴ. 10년 전 대비 빈곤 가구 증가율은 2020년이 2010년보다 크다.

ㄷ. 비빈곤 가구 중 빈곤 탈출 가구의 비율은 2010년이 2020년보다 크다.

ㄹ. 2010년과 2020년 모두 빈곤 가구 중 10년 전에도 빈곤 가구인 가구가 과반수이다.

① ㄱ, ㄴ   ② ㄱ, ㄷ   ③ ㄴ, ㄷ

④ ㄴ, ㄹ   ⑤ ㄷ, ㄹ

[24911-0023] ○ △ ✕

3

다음 자료에 대한 옳은 설명만을 〈보기〉에서 있는 대로 고른 것은? (단, A~C는 각각 면접법, 질문지법, 참여 관찰법 중 하나임.)

〈활동 내용〉
- 갑: A와 구분되는 B의 특징이 적혀 있는 카드 고르기
- 을: B와 구분되는 C의 특징이 적혀 있는 카드 고르기
- 병: C와 구분되는 A의 특징이 적혀 있는 카드 고르기

〈갑~병이 고른 카드〉

갑	을	병
일반적으로 양적 연구에서 활용된다.	조사 대상자의 일상생활 세계에 참여하여 자료를 수집한다.	(가)

〈교사의 평가〉
옳은 내용이 적혀 있는 카드를 고른 사람은 ㉠두 명뿐임.

〈 보기 〉

ㄱ. A가 면접법이면, C는 자료의 실제성을 확보할 수 있는 자료 수집 방법이다.
ㄴ. ㉠이 갑과 을이면, A는 B보다 다수를 대상으로 대량의 자료를 수집하는 데 유리한 자료 수집 방법이다.
ㄷ. ㉠이 갑과 병이면, B는 C와 달리 연구 대상자와의 언어적 상호 작용이 필수적으로 요구되는 자료 수집 방법이다.
ㄹ. ㉠이 을과 병이면, (가)에는 '구조화된 도구를 사용하여 자료를 수집한다.'가 들어갈 수 있다.

① ㄱ, ㄴ   ② ㄱ, ㄹ   ③ ㄴ, ㄷ
④ ㄱ, ㄷ, ㄹ   ⑤ ㄴ, ㄷ, ㄹ

[24911-0024] ○ △ ✕

4

다음 자료에 대한 옳은 분석만을 〈보기〉에서 있는 대로 고른 것은? [3점]

갑국의 사회 보장 제도는 우리나라의 사회 보장 제도와 동일하다. 금전적 지원을 원칙으로 하는 (가), (나) 제도 중 (가)는 보편적 복지 이념을 바탕으로 하는 반면, (나)는 선별적 복지 이념을 바탕으로 한다. 표는 A~C 지역의 (가), (나) 제도의 수급자 비율을 나타낸다. 단, 갑국은 A~C 지역으로만 구성된다.

(단위: %)

구분	A 지역	B 지역	C 지역	전체
(가)	㉠	10	16	14
(나)	4	6	㉡	4

* A 지역 인구와 B 지역 인구는 각각 C 지역 인구의 50%임.
** 해당 지역 수급자 비율(%)=(해당 지역 수급자 수/해당 지역 인구)×100

〈 보기 〉

ㄱ. ㉠은 14, ㉡은 6이다.
ㄴ. 수익자 부담 원칙을 적용하지 않는 제도의 경우, C 지역 수급자 수는 A 지역 수급자 수의 1.5배이다.
ㄷ. 사전 예방적 성격이 강한 제도의 수급자 비율 대비 사후 처방적 성격이 강한 제도의 수급자 비율은 B 지역이 A 지역보다 크다.
ㄹ. 대상자 선정에 따른 부정적 낙인이 발생할 수 있는 제도의 경우, B 지역 수급자 수와 C 지역 수급자 수는 같다.

① ㄱ, ㄴ   ② ㄱ, ㄹ   ③ ㄴ, ㄷ
④ ㄱ, ㄴ, ㄹ   ⑤ ㄴ, ㄷ, ㄹ

[24911-0025] ○ △ ✕

5 〈자료 1〉에 나타난 사회 집단과 〈자료 2〉의 A~C 간 관계에 대한 옳은 설명만을 〈보기〉에서 고른 것은? (단, A~C는 각각 공식 조직, 비공식 조직, 자발적 결사체 중 하나임.) [3점]

〈자료 1〉

정형외과 의사인 갑은 누구보다도 ○○ 종합 병원을 사랑하고 병원 발전을 위해 열정을 다해 일한다. 그는 음악에 관심 있는 동료들과 함께 병원 내 밴드를 만들어 애착을 갖고 활동한다. 이 밴드는 최근 □□ 시민 단체가 주최한 온라인 콘서트에서 성황리에 공연을 마쳤다.

〈자료 2〉

- A와 C는 다원화된 현대 사회에서 공통 관심과 목표를 가진 사람들이 자발적으로 결성한 집단이다.
- B에 해당하는 사회 조직은 C에 속하지 않으나, C의 구성원은 모두 B의 구성원이다.

〈 보기 〉

ㄱ. 갑이 속한 병원 내 밴드는 A에 해당한다.
ㄴ. 갑이 속한 B는 갑의 내집단이다.
ㄷ. 갑이 속한 C는 이익 사회에 해당하지 않는다.
ㄹ. □□ 시민 단체는 B에, ○○ 종합 병원 정형외과는 C에 해당한다.

---

① ㄱ, ㄴ   ② ㄱ, ㄷ   ③ ㄴ, ㄷ
④ ㄴ, ㄹ   ⑤ ㄷ, ㄹ

[24911-0026] ○ △ ✕

6 다음 자료에 대한 옳은 설명만을 〈보기〉에서 고른 것은? (단, A~C는 각각 문화 동화, 문화 병존, 문화 융합 중 하나임.) [3점]

〈자료 1〉

'㉠자기 문화의 정체성이 유지되는가?'와 '㉡새로운 문화가 형성되는가?'라는 두 질문이 있을 때, 첫 번째 질문에 대해서는 A와 B의 응답이 일치하고, 두 번째 질문에 대해서는 B와 C의 응답이 일치한다.

〈자료 2〉

- 갑국에서는 교역 상대국인 이웃 국가로부터 온 상인들이 자신들의 음식 문화를 전파함으로써 C가 나타났다.
- 을국에서는 책을 통해 이웃 국가의 음식 문화가 전파된 후 A가 나타났다.
- 병국에서는 이웃 국가에 유학 간 사람들이 현지 사람들로부터 배운 음식 문화를 들여옴으로써 B가 나타났다.

〈 보기 〉

ㄱ. ㉠에 대한 A의 응답은 '예'이고, ㉡에 대한 B의 응답은 '아니요'이다.
ㄴ. 유럽 국가의 식민지 지배를 받은 국가에서 자신들의 언어가 사라지고 유럽 언어를 사용하게 된 것은 C가 아닌 B의 사례이다.
ㄷ. 갑국과 병국에서는 직접 전파, 을국에서는 간접 전파가 나타났다.
ㄹ. 갑국에서는 문화 융합, 을국에서는 문화 병존, 병국에서는 문화 동화가 나타났다.

---

① ㄱ, ㄴ   ② ㄱ, ㄷ   ③ ㄴ, ㄷ
④ ㄴ, ㄹ   ⑤ ㄷ, ㄹ

[24911-0027] ○ △ ×

7 다음 자료에 대한 설명으로 옳은 것은?

표는 갑국의 부모 세대와 자녀 세대의 계층 구성 비율을 나타낸 것이다. 부모 세대와 자녀 세대의 계층 구조는 각각 피라미드형과 다이아몬드형 중 하나이다. 단, 계층은 상층, 중층, 하층으로만 구분되고, A~C는 각각 상층, 중층, 하층 중 하나이며, 모든 부모의 자녀는 1명씩이다.

(단위: %)

구분	부모 세대	자녀 세대
A	20	60
B	30	10
C	50	30

① A로의 상승 이동은 가능하지만 하강 이동은 불가능하다.

② B에서 C로의 이동은 상승 이동에 해당한다.

③ 중층 비율 대비 하층 비율의 비(比)는 자녀 세대가 부모 세대의 5배이다.

④ 세대 간 상승 이동한 자녀 수가 세대 간 하강 이동한 자녀 수보다 많다.

⑤ 자녀 세대의 계층 구조가 부모 세대의 계층 구조보다 사회 통합에 유리하다.

[24911-0028] ○ △ ×

8 사회 변동 이론 A, B에 대한 옳은 설명만을 〈보기〉에서 있는 대로 고른 것은? (단, A, B는 각각 순환론과 진화론 중 하나임.)

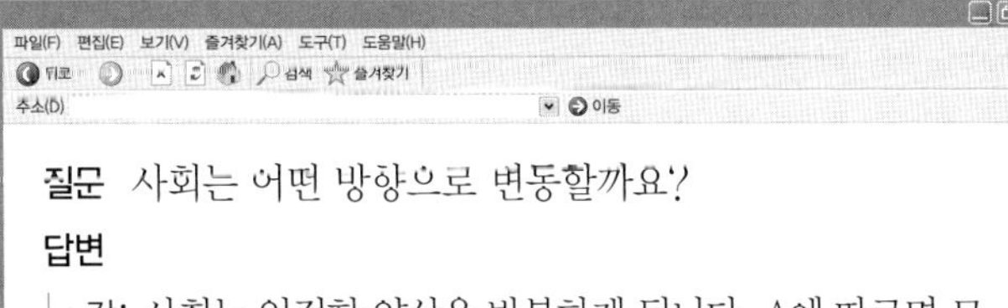

질문 사회는 어떤 방향으로 변동할까요?

답변

└ 갑: 사회는 일정한 양상을 반복하게 됩니다. A에 따르면 모든 사회는 생성 – 성장 – 쇠퇴 – 소멸을 거치게 됩니다.

└ 을: 태초에 인류가 문명을 일으켜 지금까지 지속적으로 발전해 온 것을 미루어 봤을 때, 저는 B와 같이 사회는 미개 사회에서 문명화된 사회로 점진적으로 발전한다고 봅니다.

〈 보기 〉

ㄱ. A는 운명론적 관점으로 사회 변동을 바라본다.

ㄴ. B는 각 사회 간 발전 수준의 차이가 없다고 전제한다.

ㄷ. A는 B와 달리 사회가 항상 진보하는 것은 아니라고 본다.

ㄹ. B는 A와 달리 서구 제국주의를 정당화하는 도구로 사용될 수 있다는 비판을 받는다.

① ㄱ, ㄴ ② ㄱ, ㄷ ③ ㄴ, ㄹ
④ ㄱ, ㄷ, ㄹ ⑤ ㄴ, ㄷ, ㄹ

[24911-0029] ○ △ ×

9 다음은 사회·문화 현상을 바라보는 관점에 관한 수업 장면이다. 이에 대한 설명으로 옳은 것은? (단, A~C는 각각 기능론, 갈등론, 상징적 상호 작용론 중 하나임.)

교사: 사회·문화 현상을 바라보는 관점 A~C에 대해 설명해 볼까요?

갑: A, B는 모두 인간 행위의 주관적 의미와 동기를 경시한다는 비판을 받습니다.

을: B는 A와 달리 사회 제도가 특정 계급의 이익을 재생산하는 역할을 한다고 봅니다.

병: C는 B와 달리 _______(가)_______

교사: 세 학생 모두 옳게 이해하고 있네요.

① A는 사회적 긴장이나 갈등을 지속적이고 필연적인 현상으로 본다.

② B는 서로 다른 계급 간의 이익이 양립할 수 있다고 본다.

③ A는 C와 달리 사회 구성 요소 간의 상호 의존성이 약화될 때 사회 문제가 발생한다고 본다.

④ B는 A와 달리 사회가 유기체와 같은 특성을 지닌다고 본다.

⑤ (가)에는 '사회·문화 현상을 미시적 관점에서 바라봅니다.'가 들어갈 수 없다.

[24911-0030] ○ △ ×

10 다음 자료에 대한 분석으로 옳은 것은? [3점]

표는 갑국의 인구 구조의 변화를 나타낸 것이다. 단, 갑국의 65세 이상 인구는 2000년이 1980년의 4배, 2020년이 2000년의 1.5배이다.

구분	1980년	2000년	2020년
총인구 중 15~64세 인구 비율(%)	70	70	65
노령화 지수	20	50	75

* 노령화 지수=(65세 이상 인구/0~14세 인구)×100
** 유소년 부양비=(0~14세 인구/15~64세 인구)×100
*** 노년 부양비=(65세 이상 인구/15~64세 인구)×100

① 총인구는 2020년이 2000년보다 많다.

② 0~14세 인구는 1980년이 2000년보다 많다.

③ 유소년 부양비는 2000년이 1980년보다 크다.

④ 노년 부양비는 2020년이 2000년의 1.5배이다.

⑤ 총인구 중 65세 이상 인구 비율은 2020년이 1980년의 3배이다.

04회 미니모의고사

EBS 수능특강 Q 미니모의고사 **사회 · 문화**

O 알고 맞힘 ___/10　△ 헷갈림 ___/10　✕ 모르고 틀림 ___/10

[24911-0031] O △ ✕

1 다음 자료에 대한 옳은 설명만을 〈보기〉에서 있는 대로 고른 것은? [3점]

- 갑은 '또래 상담이 이루어지는 과정과 또래 상담 프로그램이 초등학생의 학교생활 만족도 향상에 미치는 효과'를 연구하기 위해 또래 상담 프로그램을 운영하고 있는 ○○ 초등학교에서 프로그램 진행 보조 요원으로 활동하였다. 그는 또래 상담 프로그램이 진행되고 있는 현장을 지켜보면서 교사와 학생 간의 상호 작용 양상과 학생과 학생 간의 상호 작용 양상 등을 자세히 기록하였다. 그리고 해당 초등학생 100명을 대상으로 구조화된 질문을 통해 또래 상담 프로그램이 학교생활 만족도에 미치는 효과를 조사하였다.
- 을은 자율 출퇴근제와 관련된 기업 변화와 직장인들의 인식을 조사하였다. 을은 먼저 □□ 경제 연구소에서 발간한 '자율 출퇴근제의 이해'를 통해 자율 출퇴근제를 실시하는 기업 비율, 자율 출퇴근제로 인한 기업의 생산성 변화를 조사하였다. 이후 자율 출퇴근제를 실시하고 있는 기업의 사장 5명과 직원 10명을 대상으로 깊이 있는 대화를 통해 자율 출퇴근제에 대한 그들의 생각을 조사하였다.

〈 보기 〉

ㄱ. 갑은 자료 수집 상황에 대한 통제 정도가 가장 낮은 자료 수집 방법을 사용하였다.
ㄴ. 갑은 을과 달리 조사 대상자와의 언어적 상호 작용이 필수적인 자료 수집 방법을 사용하였다.
ㄷ. 을은 갑과 달리 1차 자료와 2차 자료를 모두 수집하였다.
ㄹ. 갑과 을은 모두 양적 자료와 질적 자료를 수집하였다.

① ㄱ, ㄴ　　　② ㄱ, ㄷ　　　③ ㄴ, ㄹ
④ ㄱ, ㄷ, ㄹ　　　⑤ ㄴ, ㄷ, ㄹ

[24911-0032] O △ ✕

2 다음 자료에 대한 설명으로 옳은 것은? (단, A~C는 각각 기능론, 갈등론, 상징적 상호 작용론 중 하나임.)

교사: 사회 · 문화 현상을 바라보는 관점 A~C에 대해 발표해 보세요.
갑: A는 사회 · 문화 현상의 의미가 행위 주체에 따라 다르게 규정된다고 봅니다.
을: B는 개인의 행동이 특정 집단의 가치가 반영된 사회 규범에 의해 강제된다고 봅니다.
병: C는 사회의 각 부분이 상호 보완적 역할을 수행함으로써 사회 질서가 유지된다고 봅니다.

① 갑의 발표 내용만 옳을 경우, B는 C와 달리 집합적 단위로서의 사회 구조를 중시하는 관점이다.
② 을의 발표 내용만 옳을 경우, A는 C와 달리 개인들의 주관적인 상황 정의를 중시하는 관점이다.
③ 병의 발표 내용만 옳을 경우, B는 A와 달리 사회가 유기체와 유사한 특성을 지니고 있다고 보는 관점이다.
④ B가 행위자의 자율성과 능동성을 중시하는 관점이라면, 갑의 발표 내용과 을의 발표 내용은 모두 옳지 않다.
⑤ C가 사회 변동의 원동력이 사회에 내재해 있다고 보는 관점이라면, 을의 발표 내용과 달리 병의 발표 내용은 옳지 않다.

3 밑줄 친 ㉠~㉣과 같은 현상에 대한 설명으로 옳은 것은?

[24911-0033]

> ㉠매미 유충은 오랜 기간 땅속에서 자란 후 성충이 된다. 성충이 되면 짧은 여름 동안 짝짓기를 하여 번식을 해야 하는데, 이를 위해 ㉡매미 수컷은 발음기를 사용해 큰 소리로 암컷을 찾는 울음소리를 낸다. 그런데 최근 ㉢도시의 매미 울음소리가 시골의 매미 울음소리에 비해 크다는 연구 결과가 발표되었다. 정확한 원인은 알 수 없지만, ㉣사람들은 도시의 각종 소음 속에서 번식에 성공하려면 매미 수컷이 더 큰 소리로 울어야 하기 때문인 것으로 추측하고 있다.

① ㉠과 같은 현상은 가치 함축성을 지닌다.

② ㉢과 같은 현상은 개연성으로 설명된다.

③ ㉡과 같은 현상은 ㉣과 같은 현상과 달리 당위 규범을 반영하여 발생한다.

④ ㉣과 같은 현상은 ㉠과 같은 현상과 달리 보편성을 지닌다.

⑤ ㉠, ㉡과 같은 현상은 ㉢, ㉣과 같은 현상과 달리 경험적 자료를 통해 연구할 수 있다.

4 밑줄 친 ㉠~㉾에 대한 옳은 설명만을 〈보기〉에서 고른 것은?

[24911-0034]

〈 보기 〉

ㄱ. ㉠은 1차적 사회화 기관이다.

ㄴ. ㉡과 ㉢은 모두 성취 지위이다.

ㄷ. ㉣은 ㉠과 달리 공식적 사회화 기관이다.

ㄹ. ㉥은 ㉤으로서 갑의 역할 행동이다.

① ㄱ, ㄴ   ② ㄱ, ㄷ   ③ ㄴ, ㄷ

④ ㄴ, ㄹ   ⑤ ㄷ, ㄹ

5 다음 자료에 대한 설명으로 옳은 것은? (단, A~C는 각각 낙인 이론, 머튼의 아노미 이론, 차별 교제 이론 중 하나임.) [3점]

[24911-0035]

> 〈활동 내용〉
>
> 제시된 일탈 이론 A~C가 각각 '예'라고 답할 수 있는 질문을 만들어 보시오.
>
> 〈학생의 진술 내용〉
>
> | 학생 | 일탈 이론 | 질문 |
> |---|---|---|
> | 갑 | A | 차별적 제재를 일탈 행동의 원인으로 보는가? |
> | 을 | B | 문화적 목표와 제도적 수단 간의 괴리를 일탈 행동의 원인으로 보는가? |
> | 병 | C | (가) |
>
> 〈교사의 평가〉
>
> 갑~병 중 '예'로 답할 수 있는 질문을 만든 학생은 ㉠두 명임.

① A가 차별 교제 이론이면, B는 낙인 이론이다.

② C가 낙인 이론이면, B는 차별 교제 이론이다.

③ ㉠이 갑과 을이면, C는 일탈 행동을 규정하는 객관적 기준이 존재하지 않는다고 본다.

④ ㉠이 갑과 병이면, B는 정상적인 집단과의 교류 확대를 일탈 행동의 해결책으로 본다.

⑤ ㉠이 을과 병이면, (가)에는 '최초의 일탈보다 2차적 일탈의 발생 과정에 주목하는가?'가 들어갈 수 없다.

6 다음 A~D에 대한 설명으로 옳은 것은? (단, A~D는 각각 공동 사회, 공식 조직, 비공식 조직, 자발적 결사체 중 하나임.)

[24911-0036]

> 교사: 사회 집단 및 사회 조직의 유형 A~D에 대해 말해 볼까요?
>
> 갑: '구성원의 선택적 의지에 따라 형성된 집단인가?'라는 질문으로 A와 B를 구분할 수 있어요.
>
> 을: C는 D 내에서 구성원들이 친목 도모, 긴장감 완화 등을 목적으로 자발적으로 결성한 사회 집단이에요.
>
> 병: B이면서 동시에 C인 사회 집단이 존재해요.
>
> 교사: 병을 제외하고는 모두 옳게 말해 주었어요.

① C가 아닌 A는 존재하지만, A가 아닌 C는 존재할 수 없다.

② B이면서 동시에 D인 사례로 환경 단체, 노동조합 등이 있다.

③ A, B는 모두 가입과 탈퇴가 자유로운 사회 집단에 해당한다.

④ A는 C, D와 달리 구성원들의 지위와 역할 구분이 체계화되어 있다.

⑤ A에서는 D에서와 달리 과업 지향적이고 수단적인 인간관계가 지배적이다.

[24911-0037] ○ △ ✕

7 다음 자료에 대한 설명으로 옳은 것은? [3점]

갑국~병국 모두 가구별 구성원 수는 동일하고, 절대적 빈곤선은 최저 생계비이며, 상대적 빈곤선은 중위 소득의 50%이다. 다음은 갑국~병국의 상황을 나타낸 것이다.
- 갑국: 중위 소득이 최저 생계비의 2배와 동일하다.
- 을국: 절대적 빈곤 가구 중 상대적 빈곤 가구가 아닌 가구의 비율이 10%이다.
- 병국: 상대적 빈곤 가구 중 절대적 빈곤 가구가 아닌 가구의 비율이 20%이다.

① 갑국에서는 절대적 빈곤 가구 수가 상대적 빈곤 가구 수의 2배이다.
② 을국에서는 절대적 빈곤 가구 수가 상대적 빈곤 가구 수의 90%이다.
③ 병국에서는 절대적 빈곤 가구와 상대적 빈곤 가구 모두에 해당하는 가구 수가 상대적 빈곤 가구 수의 80%이다.
④ 을국에서는 갑국과 달리 상대적 빈곤 가구가 모두 절대적 빈곤 가구에 해당한다.
⑤ 병국에서는 을국과 달리 최저 생계비가 중위 소득의 50%보다 크다.

[24911-0038] ○ △ ✕

8 다음 자료에 대한 옳은 분석만을 〈보기〉에서 고른 것은? [3점]

〈우리나라의 사회 보장 제도 A와 B〉
- A: 가입자 중 노령, 장애, 사망으로 인한 소득 상실이나 감소에 대하여 본인 또는 유족에게 연금을 지급하는 제도
- B: 65세 이상인 사람 중 소득이 일정 수준 이하인 사람의 생활 안정을 위해 연금을 지급하는 제도

〈우리나라 갑 권역의 각 지역 인구 중 수급자 비율〉

(단위: %)

구분	(가) 지역	(나) 지역	(다) 지역	갑 권역 전체
A의 수급자	15	13	14	14
B의 수급자	13	15	9	13
A와 B의 중복 수급자	10	9	7	9

*갑 권역은 (가)~(다) 지역으로만 구성됨.

〈 보기 〉
ㄱ. 수익자 부담 원칙을 적용하는 제도의 수급자 수는 (가) 지역이 (다) 지역의 2배를 넘는다.
ㄴ. 갑 권역 전체에서 보편적 복지 제도의 수급자 중 (가), (나) 지역 수급자의 비율이 80%이다.
ㄷ. 갑 권역 전체에서 사후 처방적 성격이 강한 제도의 수급자가 사전 예방적 성격이 강한 제도의 수급자보다 많다.
ㄹ. A 또는 B의 수급자 중 상호 부조의 원리에 기초한 제도에만 수급인 사람의 비율은 (나) 지역이 (다) 지역보다 높다.

① ㄱ, ㄴ　　② ㄱ, ㄷ　　③ ㄴ, ㄷ
④ ㄴ, ㄹ　　⑤ ㄷ, ㄹ

[24911-0039] ○ △ ✕

9 다음 자료에 대한 옳은 설명만을 〈보기〉에서 있는 대로 고른 것은? (단, A, B는 각각 순환론, 진화론 중 하나임.)

표는 사회 변동 이론 A, B의 입장을 묻는 각 질문에 대한 갑, 을의 응답을 나타낸 것이다. 옳은 응답의 개수는 을이 갑보다 많다.

질문	응답	
	갑	을
A는 사회 변동이 곧 사회 발전을 의미한다고 보는가?	예	아니요
(가)	아니요	아니요
B는 모든 사회가 소멸을 피할 수 없다고 보는가?	아니요	아니요

〈 보기 〉

ㄱ. A는 사회 변동에 영향을 미치는 인간의 자율성을 경시한다.

ㄴ. B는 운명론적 관점에서 사회 변동을 설명한다.

ㄷ. A는 B보다 미래에 나타날 사회 변동 방향을 예측하여 대응하는 데 유리하다.

ㄹ. (가)에 'B는 사회가 동일한 과정을 주기적으로 반복하며 변동한다고 보는가?'가 들어가면, 옳은 응답은 갑이 2개, 을이 3개이다.

① ㄱ, ㄷ 　　② ㄱ, ㄹ 　　③ ㄴ, ㄹ

④ ㄱ, ㄴ, ㄷ 　　⑤ ㄴ, ㄷ, ㄹ

[24911-0040] ○ △ ✕

10 다음 자료에 대한 분석으로 옳은 것은? [3점]

표는 갑국의 노령화 지수 변화를 나타낸 것이다. 단, 모든 연도의 유소년 부양비는 50으로 같고, 15~64세 인구는 30년마다 20%씩 증가하였다.

구분	t년	t+30년	t+60년
노령화 지수	40	60	100

* 노령화 지수=(65세 이상 인구/0~14세 인구)×100

** 총부양비={(0~14세 인구+65세 이상 인구)/15~64세 인구}×100

*** 유소년 부양비=(0~14세 인구/15~64세 인구)×100

**** 전체 인구에서 노인 인구(65세 이상 인구)가 차지하는 비율이 7% 이상이면 고령화 사회, 14% 이상이면 고령 사회, 20% 이상이면 초고령 사회임.

① 총부양비는 t년이 t+30년보다 크다.

② t년 대비 t+30년에 0~14세 인구는 10% 증가하였다.

③ t년 대비 t+30년 인구의 비(比)는 0~14세 인구가 65세 이상 인구보다 크다.

④ 15~64세 인구 1명당 65세 이상 인구는 t년이 가장 적고, t+60년이 가장 많다.

⑤ t년과 t+30년은 고령화 사회이고, t+60년은 초고령 사회이다.

05 회 미니모의고사

EBS 수능특강 Q 미니모의고사 **사회 · 문화**

○ 알고 맞힘 ___ /10 △ 헷갈림 ___ /10 ✕ 모르고 틀림 ___ /10

[24911-0041] ○ △ ✕

1 밑줄 친 ㉠~㉢과 같은 현상의 일반적인 특징에 대한 설명으로 옳은 것은?

> **20XX년 0월 00일**
>
> ㉠ '금징어'로 불렸던 오징어 어획량 급증!
>
> − ㉡해수면 온도 상승으로 오징어에 적합한 생태 환경 조성이 주요 원인
> − 오징어 풍년으로 이제는 ㉢오징어 가격 하락 걱정 …….

① ㉠과 같은 현상은 ㉡과 같은 현상과 달리 확률의 원리가 적용된다.

② ㉠과 같은 현상은 ㉡과 같은 현상에 비해 인과 관계가 명확하다.

③ ㉠과 같은 현상은 ㉢과 같은 현상과 달리 가치 함축적이다.

④ ㉡과 같은 현상은 ㉢과 같은 현상과 달리 경험적 자료를 통해 연구할 수 있다.

⑤ ㉢과 같은 현상은 ㉡과 같은 현상에 비해 통제된 실험이 용이하다.

[24911-0042] ○ △ ✕

2 밑줄 친 ㉠~㉮에 대한 설명으로 옳은 것은? [3점]

> 연구자 갑은 봉사 참여의 만족과 봉사 참여의 지속 의도에 봉사 참여의 자발성 정도가 영향을 줄 것이라고 생각하고 ㉠2개의 가설을 설정한 후 ㉡연구를 진행하였다. 갑은 ㉢봉사 경험이 있는 사람 500명을 대상으로 ㉣을이 개발한 설문지를 활용하여 봉사 참여의 자발성 정도에 관한 자료를, 자신이 개발한 설문지를 활용하여 봉사 참여에 대한 주관적 만족도와 ㉤봉사에 계속 참여할 의향 정도 등에 관한 자료를 수집하였다. 수집한 자료의 분석을 통해 갑은 ㉮봉사 참여의 자발성 정도가 봉사 참여에 대한 주관적 만족도와 봉사에 계속 참여할 의향 정도에 정(+)의 영향력을 가지며, 이는 통계적으로 유의미하다는 것을 확인하였다. 이에 갑이 세운 가설은 모두 수용되었다.

① ㉡은 방법론적 이원론을 전제로 한 연구 방법을 사용하였다.

② ㉢은 봉사 경험이 없는 사람을 포함하지 않으므로 모집단을 대표하지 못한다.

③ ㉣은 갑이 수집한 1차 자료이다.

④ ㉤은 독립 변인에 대한 조작적 정의에 해당한다.

⑤ ㉮으로 미루어 볼 때, ㉠ 중 하나는 '봉사 참여에 대한 주관적 만족도가 높을수록 봉사 참여의 자발성 정도가 높을 것이다.'이다.

---

3 (가)에 들어갈 수 있는 내용만을 〈보기〉에서 고른 것은? (단, A~C는 각각 기능론, 갈등론, 상징적 상호 작용론 중 하나임.)

[24911-0043]

- '사회의 질서 유지 및 안정 회복 능력을 중시하는가?'라는 질문으로 A와 B를 구분할 수 없다.
- '개인의 행동은 상황에 대한 주관적 해석에 기초하여 이루어진다고 보는가?'라는 질문으로 A와 C를 구분할 수 없다.
- '   (가)   '라는 질문으로 B와 C를 구분할 수 있다.

〈 보기 〉

ㄱ. 사회가 유기체와 유사하다고 보는가?
ㄴ. 사회 문제의 발생 원인을 설명할 수 있는가?
ㄷ. 사회 · 문화 현상을 구성하는 개인의 능동성에 주목하는가?
ㄹ. 사회 규범이 지배 집단의 합의를 통해 형성되었다고 보는가?

① ㄱ, ㄴ   ② ㄱ, ㄷ   ③ ㄴ, ㄷ
④ ㄴ, ㄹ   ⑤ ㄷ, ㄹ

4 갑~정이 속한 사회 집단 및 사회 조직에 대한 옳은 설명만을 〈보기〉에서 고른 것은?

[24911-0044]

갑: ○○시 지방 의회 의장으로서 광역 자치 단체의 쓰레기 처리장 유치 문제에 대한 여러분의 의견을 듣고자 합니다.
을: 저는 지방 자치 단체장으로서 광역 자치 단체에서 제시한 지원금에 대해 추가 지원을 요청하고자 합니다.
병: 시장님은 너무 경제적인 문제만 생각하시는 것 같습니다. 환경 시민 단체 지부장인 저로서는 환경 영향 평가가 우선 시행되어야 한다고 생각합니다.
정: 쓰레기 처리장 건설이 예정된 지역과 우리 대학교가 인접해 있어 총장인 저로서는 학생들의 교육권 침해가 우려되므로 위치 변경을 요구합니다.

〈 보기 〉

ㄱ. 갑은 병과 달리 이익 사회에 속해 있다.
ㄴ. 을은 정과 달리 2차 집단에 속해 있다.
ㄷ. 병은 갑과 달리 자발적 결사체에 속해 있다.
ㄹ. 정은 을과 달리 공식적 사회화 기관에 속해 있다.

① ㄱ, ㄴ   ② ㄱ, ㄷ   ③ ㄴ, ㄷ
④ ㄴ, ㄹ   ⑤ ㄷ, ㄹ

5 다음은 사회 조직 형태 A, B에 대한 수행 평가 및 교사의 채점 결과이다. 이에 대한 설명으로 옳은 것은? (단, A, B는 각각 관료제, 탈관료제 중 하나임.)

[24911-0045]

〈수행 평가 과제〉 A가 B보다 강하거나 높다고 평가되는 비교 기준 3가지 제시하기

〈갑, 을의 답안 내용 및 교사의 채점 결과〉

구분	갑	을
답안 내용	• 조직의 유연성 정도 • 의사 결정 권한의 분산 정도 • (가)	• 업무의 세분화 정도 • 능력 및 업적에 따른 보상의 중시 정도 • (나)
교사의 채점 결과 (점수)	2점	㉠

* 교사는 각 답안 내용별로 채점하고, 답안 내용 하나가 맞을 때마다 1점씩 부여함.

① A의 한계를 극복하기 위해 B가 등장하였다.
② B는 A와 달리 효율적인 업무 수행을 중시한다.
③ (가)에는 '중간 관리층의 역할 비중 정도'가 들어갈 수 없다.
④ (나)가 '규약과 절차에 따른 과업 수행의 중시 정도'이면, ㉠은 '2점'이다.
⑤ ㉠이 '1점'이면, (가), (나) 모두에 '권한과 책임의 위계 서열화 정도'가 들어갈 수 있다.

[24911-0046] ○ △ ✕

6 다음 갑국~병국의 문화 변동에 대한 옳은 설명만을 〈보기〉에서 고른 것은? [3점]

- 갑국에서는 서적을 통해 A국의 곡물 계량법이 소개되고 널리 확산되면서 갑국의 전통적인 곡물 계량법을 사용하는 사람들이 사라지게 되었다.
- 을국에서는 A국에서 공부하고 귀국한 학자들이 A국의 곡물 계량법에 착안한 새로운 곡물 계량법을 만들어 냈고, 이 곡물 계량법을 널리 사용하게 되었다.
- 병국에서는 A국으로부터 온 A국 상인들에 의해 A국의 곡물 계량법이 널리 퍼지게 되었는데, 병국 사람들은 A국의 곡물 계량법이 지닌 장점과 자국의 곡물 계량법이 지닌 장점을 결합하여 새로운 곡물 계량법을 만들어 냈고, 이 곡물 계량법을 널리 사용하게 되었다.

〈 보기 〉

ㄱ. 갑국에서는 문화 동화, 병국에서는 문화 병존이 나타났다.
ㄴ. 병국에서는 갑국과 달리 자기 문화의 정체성이 유지되는 문화 변동 결과가 나타났다.
ㄷ. 을국, 병국은 갑국과 달리 외부 사회와의 접촉으로 새로운 문화 요소를 향유하게 되었다.
ㄹ. 갑국에서는 간접 전파, 을국에서는 자극 전파, 병국에서는 직접 전파로 인해 문화 변동이 나타났다.

① ㄱ, ㄴ ② ㄱ, ㄷ ③ ㄴ, ㄷ
④ ㄴ, ㄹ ⑤ ㄷ, ㄹ

[24911-0047] ○ △ ✕

7 다음 사례에 대한 옳은 설명만을 〈보기〉에서 고른 것은?

A국은 인구의 20%를 차지하는 ○○ 종교 신자와 인구의 80%를 차지하는 □□ 종교 신자로 구성되는데, 정치, 경제, 사회 등 모든 분야를 주도하고 있는 ○○ 종교 신자에 의해 □□ 종교 신자에 대한 차별이 공공연하게 이루어지고 있다. 한편, 초등학교 시절 교통사고로 허리를 다쳐 장애를 입은 갑은 장애에 대한 차별을 견디지 못하고 A국에서 B국으로 이주하였지만, B국에서 ○○ 종교 신자와 장애인이라는 이유로 이중 차별을 경험하였다.

〈 보기 〉

ㄱ. 사회적 소수자는 상대적으로 규정됨을 보여 준다.
ㄴ. 사회적 소수자는 수적으로 열세인 집단을 의미함을 보여 준다.
ㄷ. 갑은 A국에서 후천적 요인에 의해 차별을 받았다.
ㄹ. 갑은 B국에서 문화적 특징이 아닌 신체적 특징을 이유로 차별을 받았다.

① ㄱ, ㄴ ② ㄱ, ㄷ ③ ㄴ, ㄷ
④ ㄴ, ㄹ ⑤ ㄷ, ㄹ

[24911-0048] ○ △ ✕

8 다음 자료에 대한 분석으로 옳은 것은? [3점]

표는 갑국의 연도별 근로자 수 및 평균 임금 관련 자료를 나타낸다. 단, 갑국의 남성 근로자 수는 t년 대비 t+10년에 25%, t+10년 대비 t+20년에 20% 증가하였고, 여성 근로자의 평균 임금은 t년 대비 t+10년에 60%, t+10년 대비 t+20년에 50% 증가하였다.

구분	t년	t+10년	t+20년
$\dfrac{\text{여성 근로자 수－남성 근로자 수}}{\text{전체 근로자 수}}$	$\dfrac{1}{5}$	$\dfrac{1}{3}$	$\dfrac{1}{2}$
$\dfrac{\text{남성 근로자 평균 임금－여성 근로자 평균 임금}}{\text{남성 근로자 평균 임금}}$	$\dfrac{3}{5}$	$\dfrac{1}{2}$	$\dfrac{1}{3}$

① t년 여성 근로자 수는 t+20년 남성 근로자 수보다 많다.
② t년 남성 근로자 평균 임금은 t+20년 여성 근로자 평균 임금보다 적다.
③ t년 대비 t+10년에 근로자 임금 총액 증가율은 남성이 여성보다 크다.
④ 남성 근로자와 여성 근로자 간 평균 임금액의 차이는 t+10년이 t년보다 크다.
⑤ 여성 근로자 수 증가율은 't년 대비 t+10년'이 't+10년 대비 t+20년'보다 크다.

9 다음의 게임 규칙에 따를 때, 말의 이동 경로로 옳은 것은? [3점]

[24911-0049] ○ △ ✕

[게임 규칙]

말판에서 말의 처음 위치는 A이다. 표에 제시된 순서에 따라 각 설명의 진위를 순서대로 평가하여 해당 설명이 옳으면 아래 그림에서 실선 화살표를 따라 한 지점을 이동하고, 해당 설명이 틀리면 아래 그림에서 점선 화살표를 따라 한 지점을 이동한다.

순서	설명
1	진화론은 모든 사회가 일종의 순환적인 변동을 반복한다고 본다.
2	순환론은 운명론적인 시각을 견지하여 인간 행위의 자율성을 과소평가한다는 비판을 받는다.
3	진화론은 순환론과 달리 사회가 일정한 양상을 반복하면서 변동한다고 본다.
4	순환론은 진화론과 달리 사회의 발전 양상을 설명하는 데 유용하다.

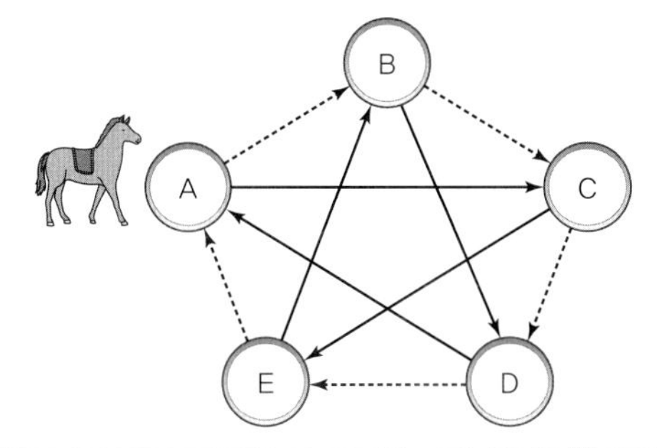

① B→C→E→A ② B→D→E→A
③ B→D→E→B ④ C→D→E→A
⑤ C→E→B→D

10 다음 자료에 대한 분석으로 옳은 것은? [3점]

[24911-0050] ○ △ ✕

표는 갑국의 연령대별 인구를 비교한 것이다. 단, 0~14세 인구는 1990년이 1960년의 2배이고, 2020년이 1990년의 2배이다.

구분	1960년	1990년	2020년
15~64세 인구 대비 0~14세 인구	$\frac{3}{16}$	$\frac{3}{14}$	$\frac{1}{4}$
15~64세 인구 대비 65세 이상 인구	$\frac{1}{16}$	$\frac{3}{14}$	$\frac{5}{12}$

* 총인구 중 65세 이상 인구가 7% 이상인 사회를 고령화 사회, 14% 이상인 사회를 고령 사회, 20% 이상인 사회를 초고령 사회라고 함.

① 15~64세 인구는 1990년이 1960년의 2배를 넘는다.
② 65세 이상 인구는 2020년이 1990년의 4배를 넘는다.
③ 0~14세 인구 대비 65세 이상 인구는 2020년이 1960년의 5배이다.
④ 1990년 대비 2020년에 0~14세 인구 증가율이 총인구 증가율보다 높다.
⑤ 1960년은 고령화 사회, 1990년은 고령 사회, 2020년은 초고령 사회에 해당한다.

06 _회 미니모의고사

EBS 수능특강 Q 미니모의고사 **사회 · 문화**

○ 알고 맞힘　/10　△ 헷갈림　/10　✕ 모르고 틀림　/10

[24911-0051] ○ △ ✕

1 다음은 사회 · 문화 현상을 바라보는 관점 A, B 관련 질문에 대한 학생들의 답변과 교사의 채점 결과이다. 이에 대한 옳은 설명만을 〈보기〉에서 있는 대로 고른 것은? (단, A, B는 각각 기능론, 갈등론 중 하나임.)

질문	답변	
	갑	을
A는 사회 안정과 통합을 중시하는가?	아니요	예
B는 갈등을 사회의 본질적인 속성으로 보는가?	예	아니요
B는 A와 달리 사회 규범이 계급을 재생산하는 수단이라고 보는가?	㉠	예
(가)	아니요	예
점수	2점	3점

* 질문별로 채점하며, 옳은 답변에는 1점, 틀린 답변에는 0점을 부여함.

〈 보기 〉

ㄱ. A는 B와 달리 사회가 균형을 유지하려는 속성을 갖는다고 본다.
ㄴ. B는 A와 달리 사회적 가치가 희소하다고 본다.
ㄷ. ㉠은 '예'이다.
ㄹ. (가)에는 'B는 A와 달리 사회 질서를 지배 계급의 강압에 의해 나타난 결과로 보는가?'가 들어갈 수 없다.

① ㄱ, ㄴ　　② ㄱ, ㄷ　　③ ㄴ, ㄹ
④ ㄱ, ㄷ, ㄹ　　⑤ ㄴ, ㄷ, ㄹ

[24911-0052] ○ △ ✕

2 다음 자료에 대한 옳은 설명만을 〈보기〉에서 있는 대로 고른 것은? [3점]

연구자 갑은 비행 청소년들의 ㉠ 준법 의식과 ㉡ 법적 문제 해결력 향상에 □□ 법 교육 프로그램의 적용이 미치는 효과에 관한 ㉢ 가설을 설정하고 연구를 진행하였다. 이를 위해 ○○ 지역 비행 청소년 50명을 25명씩 두 집단으로 나누었다. ㉣ A 집단에는 □□ 법 교육 프로그램을 적용하고, ㉤ B 집단에는 별도의 법 교육 프로그램 적용 없이 기존 방식대로 교정 기관의 활동에 참여하도록 하여 연구를 진행하기로 하였다. 이에 따라 □□ 법 교육 프로그램의 효과를 측정하기 위하여 준법 의식과 법적 문제 해결력에 대한 ㉥ 사전 검사 점수와 사후 검사 점수를 비교 분석하였다. 자료 분석 결과는 다음 표와 같고, 그 결과는 통계적으로 유의미하였다.

(단위: 점)

변인	집단	검사 시기	
		사전	사후
준법 의식	A	2.50	2.90
	B	2.57	2.56
법적 문제 해결력	A	2.71	2.91
	B	2.60	2.59

*표의 점수는 5점 만점으로 한 해당 집단의 평균값이며, 점수가 높을수록 그 정도가 높음.

〈 보기 〉

ㄱ. ㉢이 '□□ 법 교육 프로그램 적용이 비행 청소년들의 준법 의식을 향상시킬 것이다.'라면, 이는 기각된다.
ㄴ. ㉠, ㉡은 모두 독립 변인에 해당한다.
ㄷ. ㉣은 실험 집단, ㉤은 통제 집단에 해당한다.
ㄹ. ㉥은 ㉣, ㉤에 대해 독립 변인 처치 전 종속 변인을 측정하는 과정이다.

① ㄱ, ㄴ　　② ㄱ, ㄷ　　③ ㄷ, ㄹ
④ ㄱ, ㄴ, ㄹ　　⑤ ㄴ, ㄷ, ㄹ

[24911-0053] ○ △ ×

3 표는 각 연구 사례에 사용된 자료 수집 방법을 나타낸 것이다. A~D에 대한 설명으로 옳은 것은? (단, A~D는 각각 면접법, 질문지법, 문헌 연구법, 참여 관찰법 중 하나임.)

연구 사례	자료 수집 방법
연구자 갑은 선행 논문의 분석을 통해 이주 외국인들이 겪는 어려움을 파악한 뒤, 구조화된 도구를 만들어 이주 외국인들에게 20개의 문항에 응답하도록 하였다.	A, B
연구자 을은 이주 외국인들의 적응 실태에 관한 논문을 토대로 비구조화된 질문 문항을 만든 뒤, 5명의 이주 외국인을 찾아가 각각의 문항에 대해 상세하게 답변해 달라고 요청하였다.	B, C
연구자 병은 이주 외국인들의 삶을 이해하고자 그들과 함께 생활하면서 그들의 일상을 관찰하였고 몇몇 이주 외국인들과는 그들이 겪는 어려움을 중심으로 깊이 있는 대화를 나누었다.	C, D

① A는 주로 질적 연구에서 사용된다.

② D는 구조화·표준화된 자료 수집 방법이다.

③ B는 C에 비해 시간과 비용 측면에서 효율성이 높다.

④ C는 A에 비해 자료 수집 과정에서 연구자의 주관이 개입될 가능성이 낮다.

⑤ D는 A, B, C와 달리 2차 자료를 수집하는 데 적합하다.

[24911-0054] ○ △ ×

4 다음 자료에 대한 설명으로 옳은 것은? (단, A~C는 각각 공식 조직, 비공식 조직, 자발적 결사체 중 하나임.) [3점]

A는 노동조합과 같이 B의 형태를 띨 수도 있고 혹은 C의 형태를 띨 수도 있다. 표는 질문 (가)~(다)에 의해 A~C를 구분한 것이다.

구분	A	B	C
(가)	아니요	예	아니요
(나)	㉠		㉡
(다)	㉢		㉣

* ㉠~㉣은 각각 '예', '아니요' 중 하나에 해당함.

① C는 A와 달리 주로 공식적 통제에 의해 운영된다.

② 동네 조기 축구회는 A, C에는 해당하지만, B에는 해당하지 않는다.

③ (가)에는 '2차 집단의 특성보다 1차 집단의 특성이 강한가?'가 들어갈 수 있다.

④ (나)에 '시민 단체가 해당하는가?'가 들어가면, ㉠은 '예', ㉡은 '아니요'이다.

⑤ ㉢이 '예', ㉣이 '아니요'라면, (다)에는 '대학교 총동창회가 해당하는가?'가 들어갈 수 있다.

[24911-0055] ○ △ ×

5 다음 자료의 ㉠~㉢에 대한 옳은 설명만을 〈보기〉에서 있는 대로 고른 것은? [3점]

〈서술형 평가〉

※ 문제: 개인과 사회의 관계를 바라보는 서로 다른 관점 A, B의 전제(1가지)와 한계(2가지)에 대해 각각 서술하시오. (단, 옳은 응답은 1점, 옳지 않은 응답은 0점임.)

〈갑의 응답 및 채점 결과〉

구분	내용	점수
A	1) 전제: ㉠ 2) 한계: • 개인의 희생을 정당화하는 전체주의로 변질될 우려가 있다. • ㉡	3점
B	1) 전제: ㉢ 2) 한계: • 인간의 주체적이고 능동적인 행위를 설명하기 곤란하다. • ㉣	2점

〈 보기 〉

ㄱ. ㉠에는 '사회는 실제로 존재하며 구성원들에게 외재성을 지니고 있다.'가 들어갈 수 있다.

ㄴ. ㉡에는 '사회 전체의 이익을 경시한다.'가 들어갈 수 있다.

ㄷ. ㉢에는 '실제로 존재하는 것은 사람들이 상호 작용을 통해 만들어 내는 다양한 사회적 관계이다.'가 들어갈 수 없다.

ㄹ. ㉣에는 '개인의 행위에 미치는 사회 구조의 영향력을 간과한다.'가 들어갈 수 있다.

① ㄱ, ㄷ   ② ㄱ, ㄹ   ③ ㄴ, ㄷ

④ ㄱ, ㄴ, ㄷ   ⑤ ㄴ, ㄷ, ㄹ

[24911-0056] ○ △ ✕

6 다음은 일탈 이론 A~C를 구분한 것이다. 이에 대한 설명으로 옳은 것은? (단, A~C는 각각 낙인 이론, 뒤르켐의 아노미 이론, 차별 교제 이론 중 하나임.)

> '타인과의 상호 작용이 일탈 행동 발생 과정에 미치는 영향을 중시하는가?'에 대한 A와 B의 ⊙응답은 동일하며, ___(가)___ 에 대한 A와 C의 응답은 서로 다르다. 그리고 ___(나)___ 에 대한 B와 C의 ⓒ응답은 동일하고, '일탈 행동의 학습성에 주목하는가?'에 대한 B와 C의 응답은 서로 다르다.
> * 응답은 '예'와 '아니요' 중 하나임.

① ⊙은 '아니요'이다.

② B는 A, C와 달리 일탈의 대책으로 새로운 규범 정립을 통한 사회 통제의 강화를 강조한다.

③ (가)에는 '사회 구조적 차원에서 일탈 행동을 분석하는가?'가 들어갈 수 없다.

④ (나)에는 '사회적 평가에 의한 부정적 자아 형성이 일탈 행동의 원인이라고 보는가?'가 들어갈 수 없다.

⑤ (나)가 '일탈 행동을 규정하는 객관적 기준이 존재한다고 보는가?'이면, ⓒ은 '예'이다.

[24911-0057] ○ △ ✕

7 다음 A~C에 대한 설명으로 옳은 것은? (단, A~C는 각각 반문화, 하위문화, 주류 문화 중 하나임.)

> • 갑국에서 1960년대 어촌 사람들만 먹던 □□ 음식이 건강 식품으로 알려지면서 1980년대에 전국적으로 즐겨 먹는 음식이 되었다. 이는 한 사회에서 A가 B로 변화한 사례이다.
> • 을국에서 1980년대 개인주의가 팽배한 사회 체제를 비판하는 대학생들이 즐겨 불렀던 △△ 노래가 2000년대 전 국민이 애창하는 노래가 되었다. 이는 한 사회에서 C가 B로 변화한 사례이다.

① A는 B와 달리 해당 문화를 향유하는 사람들에게 정체성을 부여할 수 있다.

② B는 C와 달리 한 사회 전체적으로 문화적 동질성을 보여 주는 기능을 한다.

③ C는 A와 달리 집단 간 갈등을 유발할 수 있다.

④ C에 해당하는 문화를 향유하는 사람들이 증가하면 그 문화는 A로 변화할 수 있다.

⑤ C를 향유하는 사람은 B를 향유하지 않는다.

[24911-0058] ○ △ ✕

8 다음 자료에 대한 설명으로 옳은 것은? (단, 갑국의 사회 보장 제도는 우리나라와 동일함.) [3점]

> A~C는 각각 국민연금 제도, 기초 연금 제도, 노인 맞춤 돌봄 서비스 제도 중 하나이다. 〈자료 1〉은 A~C를 구분한 것이고, 〈자료 2〉는 갑국 (가), (나) 지역의 A~C 수급자 비율을 나타낸 것이다.
>
> 〈자료 1〉
>
> | 구분 | A | B | C |
> |---|---|---|---|
> | 강제 가입의 원칙이 적용되는가? | ⊙ | 예 | ⓒ |
> | 민간 부문이 복지 제공에 참여하는가? | ⓒ | ⓔ | 아니요 |
>
> 〈자료 2〉 (단위: %)
>
> | 구분 | t년 | | t+10년 | |
> |---|---|---|---|---|
> | | (가) 지역 | (나) 지역 | (가) 지역 | (나) 지역 |
> | A | 3.0 | 5.0 | 3.0 | 4.5 |
> | B | 4.0 | 6.0 | 6.0 | 7.5 |
> | C | 11.0 | 9.0 | 14.0 | 8.0 |
>
> * 갑국은 (가), (나) 지역으로만 구성되고, 갑국의 총인구는 변하지 않았으며, t년과 t+10년에 갑국 총인구 중 A 수급자 비율은 각각 4%로 같음.
> ** 해당 지역 수급자 비율(%) = $\dfrac{\text{해당 지역 수급자 수}}{\text{해당 지역 인구}} \times 100$

① ⊙, ⓒ, ⓒ은 '아니요', ⓔ은 '예'이다.

② 비금전적 지원을 원칙으로 하는 제도의 경우, t+10년 수급자 수는 (나) 지역이 (가) 지역의 2배 미만이다.

③ 국가와 지방 자치 단체가 비용 전액을 부담하는 제도의 경우, 갑국 전체 수급자 수는 t+10년이 t년보다 많다.

④ 금전적 지원을 원칙으로 하고 사전 예방적 성격이 강한 제도의 경우, (가) 지역 수급자 수는 t+10년이 t년보다 많다.

⑤ 상호 부조의 원리가 적용되는 제도의 경우, (가) 지역 수급자 수 대비 (나) 지역 수급자 수의 비(比)는 t+10년이 t년보다 크다.

[24911-0059] ○ △ ✕

9 다음 자료에 대한 설명으로 옳은 것은? (단, A, B는 각각 진화론, 순환론 중 하나임.)

갑은 A와 달리 B가 지닌 특징을 다음과 같이 정리했는데, 세 가지 특징 중 하나는 옳지 않은 내용이다.
- 사회는 진보의 과정을 거친 후 필연적으로 퇴보의 과정으로 나아간다.
- ________________________(가)________________________
- 단기적인 사회 변동의 과정을 설명하거나 미래 사회 변동 방향을 예측하는 데 적합하지 않다.

① A는 사회 변동이 항상 발전을 의미하지 않는다는 점을 간과한다는 비판을 받는다.

② B는 사회는 일정한 방향성을 가지고 단계적으로 발전한다고 본다.

③ A는 B와 달리 사회 변동의 원인을 사회 구조적인 측면에서 찾고자 한다.

④ B는 A와 달리 서구 사회가 가장 발전된 사회 형태라고 전제한다.

⑤ (가)에는 '사회 변동에 대한 역동적 대응이 용이하다는 평가를 받는다.'가 들어갈 수 없다.

[24911-0060] ○ △ ✕

10 다음 자료에 대한 분석으로 옳은 것은? [3점]

표는 갑국 A, B 지역의 총부양비와 노령화 지수의 변화를 나타낸 것이다. 갑국 전체의 노령화 지수는 t년이 80, t+50년이 140이고, 갑국 전체의 유소년 인구는 t년과 t+50년이 같다. 단, 갑국은 A 지역과 B 지역으로만 구성된다.

구분	t년		t+50년	
	A 지역	B 지역	A 지역	B 지역
총부양비	50	100	60	100
노령화 지수	100	50	200	100

* 총부양비 $= \dfrac{\text{유소년 인구}(0\sim14\text{세 인구}) + \text{노년 인구}(65\text{세 이상 인구})}{\text{부양 인구}(15\sim64\text{세 인구})} \times 100$

** 노령화 지수 $= \dfrac{\text{노년 인구}}{\text{유소년 인구}} \times 100$

① A 지역의 부양 인구는 t+50년이 t년보다 많다.

② B 지역의 총인구는 t+50년이 t년의 2배이다.

③ 유소년 인구는 t년의 A 지역이 t+50년의 B 지역보다 많다.

④ 갑국의 총인구 중 유소년 인구의 비율은 t+50년이 t년보다 크다.

⑤ 갑국 전체에서 t년 대비 t+50년에 노년 인구는 부양 인구와 달리 증가하였다.

07회 미니모의고사

EBS 수능특강 Q 미니모의고사 **사회·문화**

○ 알고 맞힘 　/10　△ 헷갈림 　/10　✕ 모르고 틀림 　/10

[24911-0061]　○ △ ✕

1 밑줄 친 ㉠~㉢과 같은 현상의 일반적인 특징에 대한 설명으로 옳은 것은?

> 올해는 7월 장마 후 ㉠북태평양 고기압이 확장하여 대기의 중·하층부를 뒤덮었고, 서쪽에서는 티베트 고기압이 확장하면서 대기 상층부를 차례로 덮었다. 이 때문에 ㉡한반도에 폭염이 발생했다. 한 과학자는 "폭염은 예전에도 있었지만, 최근 북미 대륙의 열돔(Heat Dome)과 같은 현상은 인간과 관련되어 있다."며, 자동차 매연, ㉢화석 연료 사용으로 인한 탄소 배출 등에 따른 기후 변화에 주목해야 한다고 지적하였다. 연일 36℃ 이상의 온도에 ㉣사람들의 체온이 급격히 상승하면서 열병 등의 고통을 호소하는 사람들이 많아졌다.
>
> *열돔 현상: 지상에서 10km 이내 상공에서 발달한 고기압이 정체되어 반구 모양의 열막을 형성하여 뜨거운 공기를 가두어 놓는 기상 현상

① ㉠과 같은 현상은 ㉡과 같은 현상과 달리 보편성이 강하게 나타난다.

② ㉡과 같은 현상은 ㉢과 같은 현상에 비해 인과 관계가 분명하다.

③ ㉢과 같은 현상은 ㉠과 같은 현상과 달리 경험적 자료를 통해 연구할 수 있다.

④ ㉣과 같은 현상은 ㉢과 같은 현상과 달리 확률의 원리가 적용된다.

⑤ ㉠, ㉢과 같은 현상은 ㉡, ㉣과 같은 현상과 달리 존재 법칙을 따른다.

[24911-0062]　○ △ ✕

2 그림은 질문을 통해 사회·문화 현상을 바라보는 관점 A~C를 구분한 것이다. 이에 대한 옳은 설명만을 〈보기〉에서 고른 것은? (단, A~C는 각각 기능론, 갈등론, 상징적 상호 작용론 중 하나임.)

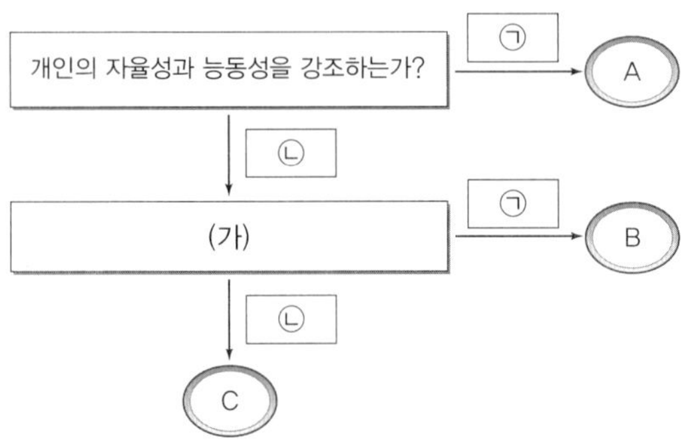

〈 보기 〉

ㄱ. ㉠은 '아니요', ㉡은 '예'이다.

ㄴ. A는 개인이 사회·문화 현상에 부여하는 주관적 의미를 경시한다.

ㄷ. C가 기능론이면, (가)에는 '사회에 변동을 향한 원동력이 내재한다고 보는가?'가 들어갈 수 있다.

ㄹ. (가)에 '사회 유기체설을 바탕으로 하는가?'가 들어가면, B는 C와 달리 사회 규범이 사회 전체의 합의를 반영하고 있다고 본다.

① ㄱ, ㄴ　　② ㄱ, ㄷ　　③ ㄴ, ㄷ
④ ㄴ, ㄹ　　⑤ ㄷ, ㄹ

[24911-0063] ○ △ ✕

3 밑줄 친 ㉠~㉦에 대한 설명으로 옳은 것은? [3점]

갑은 경쟁 집단 구성원과 친밀한 관계를 형성하고 있는 소속 집단 구성원의 존재가 우리나라 대학생의 경쟁 집단에 대한 태도에 어떠한 영향을 미치는지 연구하였다. 이를 위해 갑은 ㉠○○ 대학교 학생들 중 ㉡선정된 20명을 각각 10명씩 A 집단과 B 집단으로 나누어 서로 경쟁하도록 하였다. 그리고 각 집단에서 한 사람씩 선정한 후 두 사람을 만나게 하여 친밀한 대화를 나누도록 하였다. ㉢다른 사람들은 ㉣경쟁 집단 간 접촉이 없이 다른 과제를 수행하도록 하였다. ㉤다른 집단의 구성원과 친밀한 대화를 나눈 사람에게 자기 집단으로 돌아가서 자기의 경험을 이야기하도록 하였다. 각 단계마다 경쟁 집단에 대한 편견과 적대적 행위의 정도를 여러 가지 방법으로 측정하여 비교하였다. 그중 한 방법은 ㉥500달러의 상금을 타서 두 집단이 나누어 가지게 된다면 자신들이 얼마나 더 가지겠는가를 묻는 것이었다. 그 결과 ㉦자신의 집단 구성원이 상대 집단 구성원과 친밀한 관계를 맺은 이야기를 들은 이후에 자기 집단이 더 갖겠다고 한 액수가 그 전의 액수에 비해 현저하게 적은 것으로 나타났다.

---

① ㉠은 모집단, ㉡은 표본이다.

② ㉢은 실험 집단, ㉤은 통제 집단이다.

③ ㉣은 독립 변수이다.

④ ㉥은 종속 변수에 대한 개념의 조작적 정의를 바탕으로 한다.

⑤ ㉦은 사전 검사를 통해 측정한 값이다.

[24911-0064] ○ △ ✕

4 다음 자료는 서술형 평가에 대한 학생의 답변과 교사의 채점 결과이다. 이에 대한 설명으로 옳은 것은? (단, A, B는 각각 사회 명목론, 사회 실재론 중 하나임.) [3점]

〈서술형 평가〉

※ 문제: 개인과 사회의 관계를 바라보는 관점 A, B에 대한 설명을 각각 2가지씩 제시하시오.

〈학생의 서술 내용 및 교사의 채점 결과〉

이론	A	B
답란	• 사회 규범은 개인들이 옳다고 믿기에 존재한다. • (가)	• 사회는 개인의 총합에 불과하다. • (나)
점수	2점	1점

*옳은 답을 쓴 경우 하나당 1점, 틀린 답을 쓴 경우 하나당 0점임.

---

① A는 사회 실재론, B는 사회 명목론이다.

② A는 B와 달리 사회가 개인에 외재하며 독자적으로 작동한다고 본다.

③ B는 A와 달리 사회의 구속력이 개인의 자유 의지보다 우위에 있다고 본다.

④ (가)에는 '사회 구성원 모두가 발전하면 사회도 발전할 수밖에 없다.'가 들어갈 수 없다.

⑤ (나)에는 '사회는 실체가 없는 허구적 개념에 불과하다.'가 들어갈 수 있다.

[24911-0065] ○ △ ✕

5 다음 자료에 대한 설명으로 옳은 것은? (단, A~C는 각각 문화 사대주의, 문화 상대주의, 자문화 중심주의 중 하나임.) [3점]

〈활동 내용〉
- 갑: A의 응답만 '예'인 질문이 적혀 있는 카드 고르기
- 을: B의 응답만 '예'인 질문이 적혀 있는 카드 고르기
- 병: C의 응답만 '예'인 질문이 적혀 있는 카드 고르기

〈갑~병이 고른 카드〉

갑	을	병
문화를 우열 평가가 아닌 이해의 대상으로 보는가?	자기 문화를 열등한 문화로 보는가?	(가)

〈교사의 평가〉
옳은 내용이 적혀 있는 카드를 고른 사람은 ㉠두 명뿐임.

① A가 자문화 중심주의이면, B는 문화 상대주의이다.
② C가 문화 사대주의이면, A는 자문화 중심주의이다.
③ ㉠이 갑과 을이면, C는 자문화를 다른 사회에 이식하는 것을 당연시하는 태도이다.
④ ㉠이 갑과 병이면, B는 타 문화와의 공존을 긍정적으로 인식하는 태도이다.
⑤ ㉠이 을과 병이면, (가)에는 '자문화가 외래문화에 종속될 수 있다는 비판을 받는가?'가 들어갈 수 있다.

[24911-0066] ○ △ ✕

6 밑줄 친 ㉠~㉢에 대한 옳은 설명만을 〈보기〉에서 고른 것은?

㉠ ○○ 대학교를 졸업하고 ㉡ □□ 회사에 입사한 갑은 이직을 위해 다른 회사에 입사를 지원하였지만 탈락하였다. 갑은 자신이 가입한 ㉢ 동네 배드민턴 동호회에서 만난 친구 을에게 입사 지원에 탈락한 사실과 더불어 앞으로 □□ 회사를 계속 다녀야 할지에 대한 고민을 털어놓게 되었다. 을은 갑에게 ㉣ 가족들과 함께 앞으로 □□ 회사를 계속 다녀야 할지 의논해 보는 것이 어떻겠냐는 조언을 하였다. 이에 갑은 가족들과 의논한 후 □□ 회사에 계속 다니게 되었고, 지금은 ㉤ 회사 내 야구 동호회에 가입하여 활동하는 등 즐거운 회사 생활을 하고 있다.

〈 보기 〉
ㄱ. ㉡은 ㉠과 달리 비공식적 사회화 기관에 해당한다.
ㄴ. ㉡과 ㉢은 모두 자발적 결사체에 해당한다.
ㄷ. ㉣은 ㉢과 달리 공동 사회에 해당한다.
ㄹ. ㉢과 ㉤은 모두 비공식 조직에 해당한다.

① ㄱ, ㄴ ② ㄱ, ㄷ ③ ㄴ, ㄷ
④ ㄴ, ㄹ ⑤ ㄷ, ㄹ

[24911-0067] ○ △ ✕

7 다음 자료에 대한 설명으로 옳은 것은?

그림은 갑국~병국의 계층별 비율을 나타낸 것이다. 단, 갑국~병국 세 나라는 계층을 상층, 중층, 하층으로만 구분하며, A~C는 각각 상층, 중층, 하층 중 하나이다.

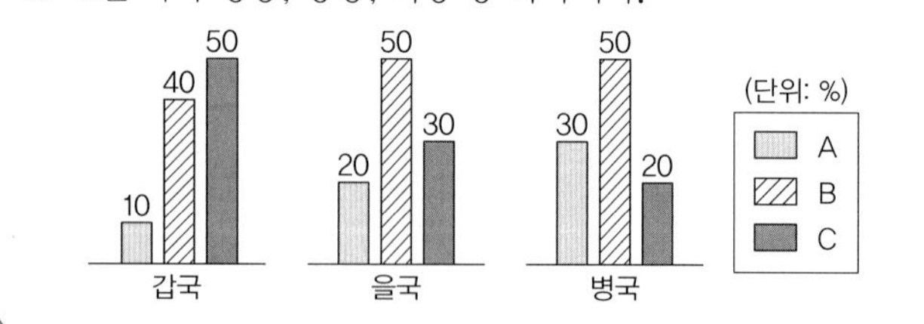

① 갑국이 다이아몬드형 계층 구조라면, 을국은 하층의 비율이 가장 높다.
② 을국이 피라미드형 계층 구조라면, 병국은 중층의 비율이 가장 낮다.
③ 병국이 다이아몬드형 계층 구조라면, 갑국은 상층과 하층 비율의 합이 중층의 비율과 같다.
④ A가 상층이고 B가 중층이라면, 갑국과 을국은 모두 피라미드형 계층 구조이다.
⑤ B가 하층이고 C가 상층이라면, 중층의 비율은 을국과 병국이 같다.

8 (가), (나)에 대한 설명으로 옳은 것은?

[24911-0068]   ○ △ ✕

(가) 제너럴 모터스를 상대로 자동차의 구조적 결함을 둘러싼 치열한 공방 끝에 승리한 네이더라는 인물로 대표되는 미국의 소비자 운동은 1960년대 새로운 전기를 맞았다. 젊은 법률가들이 '네이더 돌격대(Nader's Raiders)'를 결성하여 대기업과 정부의 부정을 연달아 적발해 냈다. 이러한 움직임은 1970년대까지 미국에서 하나의 '사회적 현상'이 되었으며, 이후 소비자들이 스스로 권리를 찾고자 하는 운동은 '네이더리즘(Naderism)'으로 불리게 되었다.

(나) 신종 코로나바이러스 감염증(코로나19) 사태로 촉발된 일부 외국 항공사의 항공권 환불 지연이 소비자들의 항의를 불러오고 있다. 코로나19로 여행업계가 직격탄을 맞은 터에 일부 외항사가 한국 고객의 환불 요청 접수까지 중단하자 초조해진 고객들이 잇따라 '즉각 환불'을 요구하고 나선 것이다. 여행사들에는 예약금을 돌려받지 못할 것을 우려하는 고객들의 항의 전화가 빗발치고 있다.

① (가)에서는 참여자들 사이의 상호 작용이 일시적이고 단기간에 끝난다.

② (나)에서는 뚜렷한 목표를 달성하기 위한 지속적이고 조직적인 계획에 의한 활동이 나타난다.

③ (가)에서는 (나)에서와 달리 활동 방향을 정당화하는 이념을 바탕으로 구성원들의 역할 수행이 이루어진다.

④ (나)의 활동은 (가)의 활동과 달리 사회 운동에 해당한다.

⑤ (가), (나)의 활동은 모두 체계적인 조직을 바탕으로 이루어진다.

9 다음 자료에 대한 분석으로 옳은 것은? (단, A~C는 각각 공공 부조, 사회 보험, 사회 서비스 중 하나이며, 갑국의 사회 보장 제도는 우리나라의 사회 보장 제도와 동일함.) [3점]

[24911-0069]   ○ △ ✕

〈자료 1〉
• '금전적 지원을 원칙으로 하는가?'라는 질문으로 A와 B를 구분할 수 없다.
• '강제 가입을 원칙으로 하는가?'라는 질문으로 A와 C를 구분할 수 있다.

〈자료 2〉 갑국의 (가), (나) 각 지역 가구 중 A~C의 중복 수혜 가구 비율

(단위: %)

구분	(가) 지역	(나) 지역
A와 B의 중복 수혜 가구 비율	8	11
A와 C의 중복 수혜 가구 비율	60	60
B와 C의 중복 수혜 가구 비율	12	18

＊(가) 지역 가구 중 A~C 모두의 수혜를 받는 가구의 비율은 5%이고, (나) 지역 가구 중 A~C 모두의 수혜를 받는 가구의 비율은 8%임.

① A는 B에 비해 사후 처방적 성격이 강하다.

② B는 C에 비해 소득 재분배 효과가 약하다.

③ C는 A와 달리 상호 부조의 원리가 적용된다.

④ 각 지역 가구 중 사회 보험과 공공 부조의 혜택을 모두 받지만 사회 서비스의 혜택은 받지 않는 가구의 비율은 (가) 지역이 (나) 지역보다 낮다.

⑤ 각 지역 가구 중 공공 부조와 사회 서비스의 혜택을 모두 받지만 사회 보험의 혜택은 받지 않는 가구의 비율은 (나) 지역이 (가) 지역보다 높다.

10 다음 자료에 대한 분석으로 옳은 것은? (단, 갑국의 총인구는 t+50년이 t년의 2배임.) [3점]

[24911-0070]   ○ △ ✕

구분	t년	t+50년
$\dfrac{\text{노년 부양비}}{\text{총부양비}}$	$\dfrac{2}{5}$	$\dfrac{1}{2}$
총인구 중 노년 인구의 비율(%)	20	㉠
총인구 중 부양 인구의 비율(%)	㉡	40

＊ 총부양비＝노년 부양비＋유소년 부양비

＊＊ 노년 부양비＝$\dfrac{\text{노년 인구(65세 이상 인구)}}{\text{부양 인구(15~64세 인구)}} \times 100$

＊＊＊ 유소년 부양비＝$\dfrac{\text{유소년 인구(0~14세 인구)}}{\text{부양 인구(15~64세 인구)}} \times 100$

① ㉠이 ㉡보다 크다.

② t년에 노년 부양비는 유소년 부양비보다 크다.

③ t+50년에 노년 인구는 부양 인구보다 많다.

④ t년과 t+50년에 유소년 인구는 같다.

⑤ 총부양비는 t+50년이 t년의 1.5배이다.

08회 미니모의고사

EBS 수능특강 **Q** 미니모의고사 **사회 · 문화**

○ 알고 맞힘 　/10　△ 헷갈림 　/10　✗ 모르고 틀림 　/10

[24911-0071] ○ △ ✗

1 다음 일탈 이론 A~C에 대한 설명으로 옳은 것은? (단, A~C는 각각 낙인 이론, 차별 교제 이론, 머튼의 아노미 이론 중 하나임.)

> 갑은 승용차를 타고 다니는 친구들이 부러웠지만 돈이 없어 차를 살 수 없었다. 이에 차의 문을 잠그지 않고 간 사람의 승용차를 훔쳐 타고 달아났다가 체포되어 처벌받았다. 이후 갑은 절도범으로 소문이 퍼져 직장에서 해고되었고, 또다시 도둑질할 사람이라는 인식 때문에 재취업이 안 되자 술만 마시며 지내다가 귀금속 상점에서 보석을 훔쳐 감옥에 가게 되었다. 감옥에서 갑은 학교의 컴퓨터를 전문적으로 훔치다 들어온 사람들과 같은 방을 쓰게 되었는데, 학교의 보안이 취약하여 간단한 기술만 알면 훔치기 편하다는 그 사람들의 말에 학교에 몰래 들어가는 데 필요한 방법을 배웠다. 이후 출소한 갑은 여러 고등학교를 돌며 컴퓨터를 훔치다가 체포되었다.

위 사례에서 갑이 승용차를 훔친 이유는 A를 통해, 보석을 훔친 이유는 B를 통해, 컴퓨터를 훔친 이유는 C를 통해 설명하는 것이 적합하다.

① A는 일탈 행동이 학습에 의해 형성됨을 강조한다.
② B는 문화적 목표와 제도적 수단 간의 괴리로 인해 일탈 행동이 발생한다고 본다.
③ C는 1차적 일탈이 2차적 일탈로 이어지는 과정에 주목한다.
④ A는 B와 달리 일탈 행동을 규정하는 객관적인 기준이 존재한다고 본다.
⑤ B는 C와 달리 사람들 간의 상호 작용 과정이 일탈 행동에 미치는 영향을 중시한다.

[24911-0072] ○ △ ✗

2 다음은 연구자 갑이 수행한 연구 사례이다. 이에 대한 옳은 설명만을 〈보기〉에서 고른 것은? [3점]

- **연구 주제**: 체험형 진로 활동 프로그램이 고등학생의 진로 의식 발달에 미치는 영향
- **연구 가설**
  [가설 1] 체험형 진로 활동 프로그램은 진로 의식을 향상시킬 것이다.
  [가설 2] 체험형 진로 활동 프로그램에 참여한 학생 중 진로 의식의 향상 정도는 ________ (가) ________
- **자료 수집 및 분석**
  - ㉠○○ 고등학교 학생들을 대상으로 ㉡진로 의식 점수 1차 측정
  - 측정 결과를 바탕으로 진로 의식 점수의 평균 및 분포가 같도록 두 집단을 추출(추출한 두 집단은 각각 남녀 50명씩, 100명으로 구성되며, 1차 측정 평균은 각각 55점임.)
  - 한 학기 동안 한 집단은 체험형 진로 활동 프로그램에 참여하게 하고, 나머지 한 집단은 참여하지 않도록 함.
  - 한 학기가 지난 후 두 집단의 학생들을 대상으로 진로 의식 점수 2차 측정
  - 진로 의식 점수 2차 측정 분석 결과

(단위: 점)

구분	남학생	여학생
㉢체험형 진로 활동 프로그램 참여 집단	59	63
㉣체험형 진로 활동 프로그램 미참여 집단	56	54

* 자료 분석 결과는 통계적으로 유의미함.
** 진로 의식 점수가 높을수록 진로 의식의 발달 정도가 높음을 의미함.

〈 보기 〉
ㄱ. ㉡은 독립 변수의 조작적 정의에 해당한다.
ㄴ. ㉠은 모집단, ㉢은 실험 집단, ㉣은 통제 집단이다.
ㄷ. 갑은 방법론적 일원론에 바탕을 둔 연구 방법을 활용하였다.
ㄹ. (가)가 '여학생이 남학생보다 클 것이다.'라면, [가설 2]는 수용된다.

① ㄱ, ㄴ　　　② ㄱ, ㄷ　　　③ ㄴ, ㄷ
④ ㄴ, ㄹ　　　⑤ ㄷ, ㄹ

---

3 다음 대화에 대한 분석으로 옳은 것은? [3점]

[24911-0073] ○ △ ✕

갑: 우리 대학교 졸업한 지 10년 만에 만나는구나. 정말 반갑다. 다들 어떻게 지냈어? 난 병이랑 △△동 조기 축구회 회원이라 매주 만나고 있어.

을: 난 ○○ 회사에 다니고 있어. 회사가 정보 보안 컨설팅을 하는데 ◇◇ 대학교와 업무 협약을 맺게 되어서 ◇◇ 대학교 부설 정보 보호 센터로 출장을 자주 가고 있어. 덕분에 정을 자주 만나고 있어.

병: 그랬구나. 난 지금 □□ 환경 보호 단체의 회원으로서 환경 보호 활동을 하고 있어. 을도 관심이 있다고 해서 지금은 함께 활동하고 있어. 너희도 관심 있으면 함께 활동하지 않을래?

정: 미안해. 난 요즈음 ◇◇ 대학교 부설 정보 보호 센터 교육팀장으로 있어. 청소년들을 대상으로 하는 리터러시 교육을 준비 중이라 많이 바빠.

---

① 갑과 을은 같은 자발적 결사체에 속해 있다.

② 을과 정은 같은 비공식 조직에 속해 있다.

③ 병은 갑과 달리 이익 사회에 속해 있다.

④ 정은 병과 달리 공식 조직에 속해 있다.

⑤ 을, 병, 정은 모두 2차 집단에 속해 있다.

4 다음 자료에 대한 설명으로 옳은 것은? (단, A~C는 각각 기능론, 갈등론, 상징적 상호 작용론 중 하나임.)

[24911-0074] ○ △ ✕

- '사회 구조에 대해 인간이 자율성과 능동성을 지닌 존재임을 전제로 사회 · 문화 현상을 설명하고자 하는가?'에 대한 A의 응답과 B의 응답이 일치한다.
- '사회가 일시적 불균형을 해결하여 본래의 균형 상태를 회복할 수 있는 힘을 지니고 있음을 강조하는가?'에 대한 B의 응답과 C의 응답이 상반된다.
- ☐☐☐ (가) ☐☐☐ 에 대한 A의 응답과 C의 응답이 상반된다.

---

① A는 B와 달리 사회 문제를 병리적인 현상으로 간주한다.

② B는 A와 달리 계급 간 갈등으로 인해 사회가 필연적으로 변동할 수밖에 없다고 본다.

③ C는 B와 달리 개인의 행위가 그를 둘러싼 사회적 환경에 의해 결정된다고 본다.

④ A는 B, C와 달리 사회 규범이 지배 집단의 이익을 보장하기 위한 수단에 불과하다고 본다.

⑤ (가)에는 '사회가 유기체와 본질적으로 동일한 특성을 지니고 있다고 보는가?'가 들어갈 수 있다.

5 다음은 빈곤의 유형 A, B 관련 질문에 대한 갑의 답변과 교사의 채점 결과이다. 이에 대한 옳은 설명만을 〈보기〉에서 있는 대로 고른 것은? (단, A, B는 각각 절대적 빈곤, 상대적 빈곤 중 하나임.)

[24911-0075] ○ △ ✕

질문	답변
A는 인간의 생존에 필요한 최소한의 자원이 결핍된 상태로 정의되는가?	아니요
우리나라의 경우 B에 해당하는 가구는 소득이 최저 생계비 미만인 가구인가?	㉠
A와 B 모두 객관화된 기준에 따라 분류하는가?	㉡
(가)	㉢
점수	4점

* 교사는 각 질문별로 채점하고, 답변 하나가 맞을 때마다 1점씩 부여함.

〈 보기 〉

ㄱ. ㉠, ㉡은 모두 '예'이다.

ㄴ. B는 소득 수준이 높은 국가에서도 나타날 수 있다.

ㄷ. A에 따른 빈곤율과 B에 따른 빈곤율을 더하면 전체 빈곤율이 된다.

ㄹ. (가)에 'A와 B를 판단하는 기준은 시대에 따라 달라질 수 있는가?'가 들어가면, ㉢은 '예'이다.

① ㄱ, ㄴ ② ㄴ, ㄷ ③ ㄷ, ㄹ

④ ㄱ, ㄴ, ㄹ ⑤ ㄱ, ㄷ, ㄹ

[24911-0076] ○ △ ✕

6 다음은 문화 변동의 요인 A~E를 구분한 것이다. 이에 대한 설명으로 옳지 <u>않은</u> 것은? (단, A~E는 각각 발명, 발견, 직접 전파, 간접 전파, 자극 전파 중 하나임.)

- '문화 변동의 내재적 요인인가?'라는 질문으로 A와 B를 구분할 수 있다.
- '새로운 문화 요소가 만들어지는 것인가?'라는 질문에 대한 A와 C의 응답은 모두 '예'이다.
- '문화 변동의 외재적 요인인가?'라는 질문에 대한 B와 D의 응답은 모두 '예'이다.
- '매체에 의해 문화 요소가 외부로부터 전해지는가?'라는 질문으로 D와 E를 구분할 수 있다.

① 물질문화와 비물질문화는 모두 A를 통해 만들어질 수 있다.

② B의 예로 중국 승려를 통해 삼국 시대에 한반도 지역으로 불교가 전래된 것을 들 수 있다.

③ C의 예로 문자가 없던 체로키족이 알파벳에 착안하여 체로키 문자를 만들어 낸 것을 들 수 있다.

④ 상호 직접적인 인적 교류가 없는 집단들 간에는 D가 나타날 수 없다.

⑤ E는 이미 존재하고 있었으나 알려지지 않았던 사물이나 원리 등을 찾아내는 것이다.

[24911-0077] ○ △ ✕

7 다음 자료에 대한 옳은 설명만을 〈보기〉에서 고른 것은? (단, A~C는 각각 문화 사대주의, 문화 상대주의, 자문화 중심주의 중 하나임.) [3점]

교사: 문화 이해 태도 A~C에 대해 말해 보세요.
갑: A는 국제적 고립이나 타 문화와의 마찰을 초래할 수 있어요.
을: B는 자문화의 정체성이나 주체성을 상실시킬 우려가 있어요.
병: C에 따르면 일정한 기준에 따라 문화 간 우열을 평가할 수 있어요.

〈 보기 〉

ㄱ. 갑의 진술만 거짓이면, A는 B와 달리 선진 문물의 수용을 촉진한다.

ㄴ. 을의 진술만 거짓이면, B는 C와 달리 문화의 다양성 보존에 이바지한다.

ㄷ. 병의 진술만 거짓이면, C는 A와 달리 각 사회의 맥락을 고려하여 문화를 이해한다.

ㄹ. 갑~병의 진술이 모두 거짓이면, A는 B, C와 달리 자문화에 대한 자부심 강화에 기여한다.

① ㄱ, ㄴ   ② ㄱ, ㄷ   ③ ㄴ, ㄷ
④ ㄴ, ㄹ   ⑤ ㄷ, ㄹ

[24911-0078] ○ △ ✕

8 다음 (가)~(다)에 들어갈 수 있는 내용으로 옳은 것은? (단, A, B는 각각 순환론, 진화론 중 하나임.)

〈사회 변동 이론 A, B에 대한 교사와 학생 간의 대화〉
갑: A는 서구 사회가 가장 진보한 사회임을 전제합니다.
을: B는 서구 제국주의 역사를 정당화하는 수단으로 악용될 수 있습니다.
병: A는 운명론적 관점에서 사회 변동을 설명합니다.
교사: 한 사람을 제외하고 모두 옳게 설명했습니다.

〈사회 변동 이론 A, B의 일반적인 특징〉

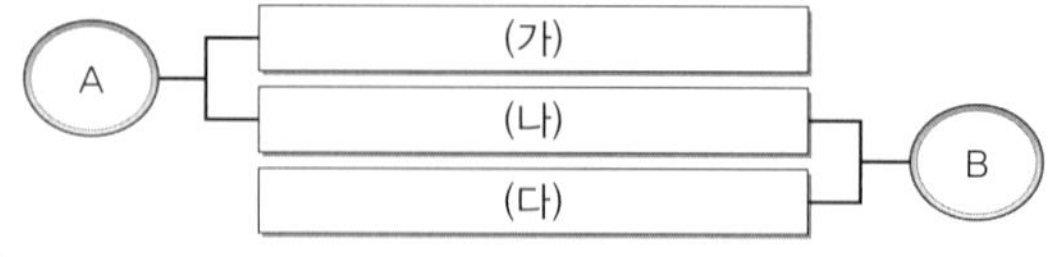

① (가) – 미래에 전개될 사회 변동 방향을 예측하여 대응하기가 용이하다고 본다.

② (가) – 모든 사회가 이전보다 복잡하고 분화되는 양상으로 변동한다고 본다.

③ (나) – 사회 변동에 작용하는 인간의 자율성을 강조한다.

④ (다) – 사회 변동이 곧 사회 발전이라고 인식한다.

⑤ (다) – 장기적인 측면에서 반복되는 사회 변동 과정을 설명하는 데 유용하다.

9

[24911-0079]

다음 자료에 대한 분석으로 옳은 것은? [3점]

갑국의 사회 보장 제도는 우리나라의 사회 보장 제도와 동일하다. '민간 부문도 복지 제공에 참여할 수 있는가?'라는 질문을 통해 (가), (나) 제도를 구분할 수 없고, '국가와 지방 자치 단체가 비용 전액을 부담하는가?'라는 질문을 통해 (나), (다) 제도를 구분할 수 없다. 표는 갑국의 인구 중 (가)~(다) 제도 수혜자 비율을 나타낸 것이다.

(단위: %)

구분	2000년	2010년	2020년
(가) 제도	9	8	10
(나) 제도	30	35	40
(다) 제도	22	20	20

* 갑국의 인구는 2000년 이후 10년마다 10%씩 증가함.

** 수혜자 비율(%)=$\dfrac{\text{수혜자 수}}{\text{인구}}\times100$

① 비금전적 지원을 원칙으로 하는 제도의 수혜자 수는 2000년보다 2010년이 적다.

② 갑국 인구 중 상호 부조의 원리를 기반으로 하는 제도의 수혜자 비율은 2000년보다 2020년이 낮다.

③ 대상자 선정에 따른 부정적 낙인이 발생할 수 있는 제도의 수혜자 수는 2000년보다 2010년이 많다.

④ 갑국 인구 중 사회 보험에 해당하는 제도의 수혜자 비율 대비 사회 서비스에 해당하는 제도의 수혜자 비율은 2010년보다 2020년이 작다.

⑤ 강제 가입을 원칙으로 하는 제도와 달리 빈곤층의 최저 생활 보장을 목적으로 하는 제도의 갑국 인구 중 수혜자 비율은 2010년보다 2020년이 높다.

10

[24911-0080]

다음 자료에 대한 옳은 분석만을 〈보기〉에서 있는 대로 고른 것은? [3점]

표는 갑국의 인구 관련 통계를 나타낸 것이다. 단, 갑국의 15~64세 인구는 t년에 비해 $t+50$년에 절반으로 감소하였다.

구분	t년	$t+50$년
총부양비	80	80
전체 인구에서 0~14세 인구가 차지하는 비율(%)	30	20

* 총부양비={(0~14세 인구+65세 이상 인구)/15~64세 인구}×100

** 유소년 부양비=(0~14세 인구/15~64세 인구)×100

*** 노년 부양비=(65세 이상 인구/15~64세 인구)×100

〈 보기 〉

ㄱ. 노년 부양비는 $t+50$년이 t년에 비해 크다.

ㄴ. 유소년 부양비는 $t+50$년이 t년에 비해 크다.

ㄷ. 0~14세 인구와 65세 이상 인구는 모두 $t+50$년이 t년에 비해 많다.

ㄹ. 전체 인구에서 65세 이상 인구가 차지하는 비율은 t년이 $t+50$년에 비해 낮다.

① ㄱ, ㄷ   ② ㄱ, ㄹ   ③ ㄴ, ㄷ

④ ㄱ, ㄴ, ㄹ   ⑤ ㄴ, ㄷ, ㄹ

09 _회 미니모의고사

EBS 수능특강 Q 미니모의고사 **사회·문화**

O 알고 맞힘 　/10　 △ 헷갈림 　/10　 X 모르고 틀림 　/10

[24911-0081]　O　△　X

1 사회·문화 현상을 바라보는 갑~병의 서로 다른 관점에 대한 설명으로 옳은 것은?

> 갑: 종교는 지배 집단에 유리한 현재 상태를 정당화하고 사회 변혁을 저지하는 수단이며, 왜곡된 현실을 위장하기 위한 허위의식에 불과합니다.
>
> 을: 종교는 사람들이 일상생활에서 서로의 행동을 해석하고 반응하는 과정을 통해 나타난 것입니다. 그 과정에서 종교는 개인에게 스스로의 정체성을 확인하고 규정하기 위한 준거로 기능하게 됩니다.
>
> 병: 인간 행위가 규범에 의해 표준화되는 과정에서 사회는 통합과 균형을 유지할 수 있는데, 종교는 사회 구성원을 도덕 공동체 안에 결집시켜 사회 질서의 형성과 유지에 기여합니다.

① 갑의 관점은 인간이 자율성을 지닌 능동적인 존재임을 강조한다.

② 을의 관점은 개인의 행위를 구속하는 사회 체계의 힘을 간과한다는 비판을 받는다.

③ 병의 관점은 사회 질서가 상징에 기초한 개인 간 상호 작용을 통해 형성된다고 본다.

④ 갑의 관점은 을의 관점과 달리 기득권층의 이익을 대변하는 논리로 이용된다는 비판을 받는다.

⑤ 병의 관점은 갑의 관점과 달리 거시적 관점에 해당한다.

[24911-0082]　O　△　X

2 다음 자료에 대한 옳은 설명만을 〈보기〉에서 있는 대로 고른 것은? [3점]

> - 갑은 고등학생의 봉사심이 학교생활 및 학업에 미치는 영향을 주제로 연구를 진행하였다.
> - 갑은 다음과 같이 가설을 설정하였다.
>   〈가설 1〉 봉사심이 많은 고등학생이 그렇지 않은 고등학생보다 학교생활 만족도가 높을 가능성이 클 것이다.
>   〈가설 2〉 봉사심이 많은 고등학생이 그렇지 않은 고등학생보다 학업 성취도가 높을 가능성이 클 것이다.
> - 갑은 1,200명을 표본으로 추출하고 이들을 대상으로 ㉠지난 1년 동안의 봉사 활동 시간, ㉡1학기 말 영어, 수학 성적, 5점을 만점으로 하는 학교생활 만족도 등을 조사하였다.
> - 분석 결과(무응답자 없음)는 다음 표와 같고, 분석 결과는 통계적으로 유의미하였다.

(단위: 명)

봉사 활동 시간	학교생활 만족도 높음		학교생활 만족도 낮음	
	학업 성취도 높음	학업 성취도 낮음	학업 성취도 높음	학업 성취도 낮음
많음	220	150	180	160
적음	100	80	110	200

〈 보기 〉

ㄱ. 방법론적 이원론에 기초한 연구 방법을 활용하였다.

ㄴ. 분석 결과 〈가설 1〉과 〈가설 2〉는 모두 수용될 수 있다.

ㄷ. ㉠은 독립 변인, ㉡은 종속 변인에 대한 조작적 정의이다.

ㄹ. 갑은 구조화된 자료 수집 방법을 활용하여 자료를 수집하였다.

① ㄱ, ㄴ　　　　② ㄱ, ㄷ　　　　③ ㄷ, ㄹ

④ ㄱ, ㄴ, ㄹ　　　⑤ ㄴ, ㄷ, ㄹ

---

3 밑줄 친 ㉠~㉢과 같은 현상의 일반적인 특징을 고려하여 주어진 질문에 모두 옳게 응답한 학생은?

[24911-0083]

> ㉠인공 강우가 미세 먼지를 줄이는 데 도움이 되는지 확인하는 실험이 진행되었다. 이번 실험은 항공기를 통해 ㉡인공 강우 물질 요오드화은을 살포하는 방식으로 이루어졌다. 실험에서 기상청은 인공 강우 물질을 뿌린 뒤 구름과 ㉢강수 입자의 변화를 관측하고, 환경부는 이에 따른 인공 강우 생성 및 ㉣미세 먼지 감소 효과를 분석하였다.

학생	질문	응답			
		㉠	㉡	㉢	㉣
갑	몰가치적 현상인가?	×	○	○	×
을	당위 규범의 영향을 받는가?	○	×	○	○
병	확실성의 원리가 적용되는가?	○	○	×	×
정	보편성과 특수성이 공존하는가?	○	○	×	×
무	경험적 자료를 바탕으로 연구할 수 있는가?	○	○	×	×

(○: 예, ×: 아니요)

① 갑　　② 을　　③ 병　　④ 정　　⑤ 무

4 일탈 이론 A~C에 대한 옳은 설명만을 〈보기〉에서 있는 대로 고른 것은? (단, A~C는 각각 낙인 이론, 머튼의 아노미 이론, 차별 교제 이론 중 하나임.)

[24911-0084]

> • '일탈 행동을 규정하는 객관적인 기준이 없다고 보는가?'라는 질문으로 A와 B를 구분할 수 없다.
> • '문화적 목표와 제도적 수단 간의 괴리를 일탈 행동의 원인으로 보는가?'라는 질문으로 A와 C를 구분할 수 있다.
> • ＿＿＿＿(가)＿＿＿＿라는 질문으로 A와 B를 구분할 수 있다.

〈 보기 〉

ㄱ. C는 1차적 일탈이 2차적 일탈로 이어지는 과정에 주목한다.
ㄴ. A는 B와 달리 타인과의 상호 작용이 일탈 행동에 미치는 영향을 중시한다.
ㄷ. B는 C와 달리 차별적 제재를 일탈 행동의 원인으로 본다.
ㄹ. (가)에는 '일탈 행동의 대책으로 일탈자와의 접촉 차단을 강조하는가?'가 들어갈 수 있다.

① ㄱ, ㄴ　　② ㄱ, ㄹ　　③ ㄴ, ㄷ
④ ㄱ, ㄷ, ㄹ　　⑤ ㄴ, ㄷ, ㄹ

5 교사의 질문에 대한 학생의 옳은 답변만을 〈보기〉에서 고른 것은? [3점]

[24911-0085]

이력서			
이름	갑	연락처	010－1234－5678
학력		기간	
○○ 고등학교 졸업		2002년 3월~2005년 2월	
△△ 대학교 경제학과 졸업		2005년 3월~2010년 2월	
이하 여백			
경력		기간	
□□ 경제 문제 연구소		2010년 5월~2015년 2월	
◇◇ 회사		2015년 4월~2022년 3월	
이하 여백			
위 기록 사항은 사실과 다름없음. 2022년 8월 20일			
			지원자: 갑

〈 보기 〉

ㄱ. 비공식 조직은 2개입니다.
ㄴ. 자발적 결사체는 1개입니다.
ㄷ. 1차 집단은 없고, 2차 집단은 4개입니다.
ㄹ. 사회화를 목적으로 설립된 기관은 2개입니다.

① ㄱ, ㄴ　　② ㄱ, ㄷ　　③ ㄴ, ㄷ
④ ㄴ, ㄹ　　⑤ ㄷ, ㄹ

[24911-0086] ○ △ ✕

6 다음 수업 장면에서 〈카드 D〉에 적혀 있을 내용으로 옳은 것은? [3점]

카드 게임을 통해 문화 이해 태도에 대해 확인 학습을 하고자 하였다. 게임 방식과 상황은 아래와 같다.

[게임 방식]

카드에는 자문화 중심주의, 문화 사대주의, 문화 상대주의에 해당하는 내용이 적혀 있다. 동일한 문화 이해 태도에 해당하는 카드를 2장 확보한 사람이 해당 문화 이해 태도를 외치면 승리한다.

[게임 상황]

현재 갑은 〈카드 A〉, 을은 〈카드 B〉, 병은 〈카드 C〉를 1장씩 배부받은 상태인데, 갑과 을의 경우에는 〈카드 D〉를 추가로 배부받으면 승리할 수 있으나, 병은 〈카드 D〉를 추가로 배부받아도 승리할 수 없는 상황이다.

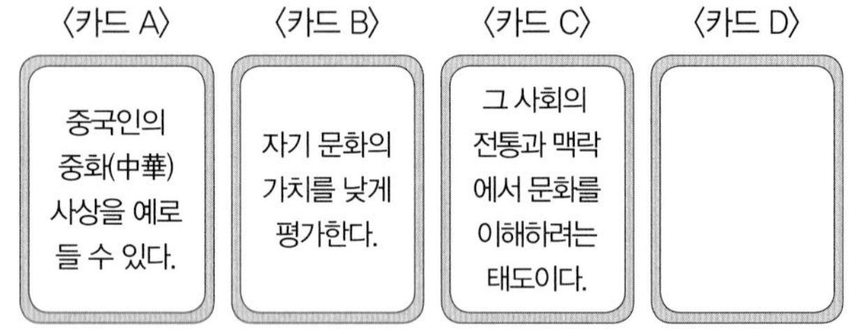

① 문화 간에 우열이 있다고 보는 태도이다.

② 자기 문화의 고유성과 우월성을 강조하는 태도이다.

③ 세 가지 태도 중 선진 문물의 수용에 가장 적극적이다.

④ 문화를 우열 평가의 대상이 아닌 이해의 대상으로 본다.

⑤ 극단적일 경우 인류의 보편적 가치를 훼손하는 태도라는 비판을 받기도 한다.

[24911-0087] ○ △ ✕

7 다음 자료에 대한 분석으로 옳은 것은?

그림은 갑국 자녀 세대를 대상으로 자녀 세대 계층과 부모 세대 계층을 전수 조사한 것이다. 계층은 상층, 중층, 하층으로만 구성된다. 모든 부모의 자녀는 1명씩이다.

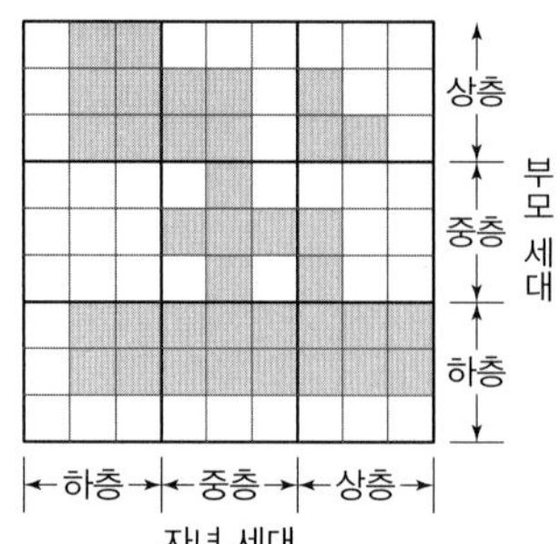

*음영 부분 면적의 크기는 사람 수에 비례하며, 각 ▨ 의 면적은 동일함.

① 자녀 세대는 피라미드형 계층 구조이다.

② 부모 세대와 자녀 세대는 모두 폐쇄적 계층 구조이다.

③ 세대 간 상승 이동한 자녀 수가 하강 이동한 자녀 수보다 적다.

④ 자녀 세대 계층 구조가 부모 세대 계층 구조보다 사회 통합에 더 유리하다.

⑤ 부모 세대 계층 대비 부모 세대와 자녀 세대의 계층 일치 비율은 중층이 가장 작다.

8 다음 자료에 대한 분석으로 옳은 것은? [3점]

[24911-0088]

갑국의 (가) 제도는 노령 등으로 인한 소득 상실 보전을 목적으로 하며 강제 가입을 원칙으로 하는 제도이고, (나) 제도는 생활이 어려운 국민에게 필요한 급여를 지급하여 국민의 최저 생활을 보장하기 위한 제도이다. 표는 갑국의 (가), (나) 제도 수급자 비율을 나타낸 것이다.

(단위: %)

구분	A 지역	B 지역	C 지역	D 지역	전체
(가) 제도	9	㉠	7	9	8
(나) 제도	25	㉡	35	37	30
(가)와 (나) 중복 수급자	6	4	3	5	5

* 갑국의 사회 보장 제도는 우리나라의 사회 보장 제도와 동일함.
** 갑국은 A~D 네 지역으로만 구성되어 있으며, 갑국 인구는 A 지역 인구의 2배이고, B 지역 인구는 D 지역 인구의 2배임.
*** 해당 지역 수급자 비율(%) = $\dfrac{\text{해당 지역 수급자 수}}{\text{해당 지역 인구}} \times 100$

① ㉠은 '6', ㉡은 '35'이다.
② 갑국 전체의 (나) 제도 수급자 수는 (가) 제도 수급자 수의 4배를 넘는다.
③ 갑국 전체의 (가) 제도와 (나) 제도의 중복 수급자 수는 D 지역 중복 수급자 수의 7배이다.
④ 수익자 부담의 원칙이 적용되는 제도의 경우 B 지역 수급자 수는 C 지역 수급자 수의 2배를 넘는다.
⑤ 선별적 복지의 성격이 강한 제도의 수급자 수 대비 보편적 복지의 성격이 강한 제도의 수급자 수의 비(比)는 A 지역이 B 지역보다 크다.

9 (가), (나)에 대한 옳은 설명만을 〈보기〉에서 고른 것은?

[24911-0089]

(가) ○○국의 축구를 관람하던 일부 열혈 관중은 자국 팀이 월드컵 최종 예선에서 탈락하자 심판의 편파 판정 때문이라고 항의하며 돌발적인 폭력 시위를 벌였다.

(나) 기후 △△△, 에너지 ◇◇ 시민 연대, 환경 운동 □□ 등으로 구성된 '환경 ☆☆ 연대'는 3번째 기자 회견에 이어 '재생 에너지 확대를 위한 정책 제안'을 발표하고 적극적 시스템 개편을 통한 재생 에너지 확대를 촉구하는 기자 회견을 다시 하였다. 또한 이들은 탄소 중립 실천을 위한 지역 캠페인 활동과 친환경 에너지 국제 포럼 개최를 위한 조직 위원회를 구성하여 활동하고 있다.

〈 보기 〉

ㄱ. (가)는 사회 변화를 목적으로 하는 다수의 지속적인 행동이다.
ㄴ. (나)는 뚜렷한 목표와 이를 달성하기 위한 구체적인 방법과 활동이 나타난다.
ㄷ. (가)는 (나)와 달리 조직적인 역할 분담 체계를 바탕으로 집단적 행동이 나타난다.
ㄹ. (나)는 (가)와 달리 자신의 신념을 정당화하려는 지속적인 행동이 나타난다.

① ㄱ, ㄴ ② ㄱ, ㄷ ③ ㄴ, ㄷ
④ ㄴ, ㄹ ⑤ ㄷ, ㄹ

10 표는 갑국의 인구 지표를 나타낸 것이다. 이에 대한 분석으로 옳은 것은? (단, 갑국은 A, B 두 지역으로만 구성됨.) [3점]

[24911-0090]

구분	A 지역	B 지역	전체
유소년 인구 비율(%)	30	15	25
총부양비	100	25	㉠
노령화 지수	㉡	㉢	㉣

* 총부양비 = $\dfrac{\text{유소년 인구}(0{\sim}14\text{세 인구}) + \text{노년 인구}(65\text{세 이상 인구})}{\text{부양 인구}(15{\sim}64\text{세 인구})} \times 100$

** 노령화 지수 = $\dfrac{\text{노년 인구}(65\text{세 이상 인구})}{\text{유소년 인구}(0{\sim}14\text{세 인구})} \times 100$

*** 전체 인구에서 노년 인구가 차지하는 비율이 7% 이상이면 고령화 사회, 14% 이상이면 고령 사회, 20% 이상이면 초고령 사회임.

① ㉠은 ㉡보다 크다.
② ㉣은 ㉢의 2배를 넘는다.
③ 갑국은 초고령 사회에 해당한다.
④ 부양 인구는 A 지역이 B 지역보다 많다.
⑤ 노년 인구는 A 지역이 B 지역의 4배이다.

10_회 미니모의고사

EBS 수능특강 Q 미니모의고사 **사회 · 문화**

O 알고 맞힘 ___/10 △ 헷갈림 ___/10 ✕ 모르고 틀림 ___/10

[24911-0091] O △ ✕

1 다음 자료에 대한 옳은 설명만을 〈보기〉에서 고른 것은? (단, A~C는 각각 공식 조직, 이익 사회, 자발적 결사체 중 하나임.) [3점]

〈수행 평가〉

※ 문제: 갑의 일정표에 나타난 사회 집단 ㉠~㉤ 중 A~C에 각각 해당하는 사례를 모두 골라 쓰시오. (단, 옳은 사례 한 개당 1점씩 부여함.)

〈일정표〉
- 월: ㉠○○ 회사 주주 총회 참석
- 화: 딸 생일 식사를 위한 ㉡가족 모임
- 수: ㉢△△ 노동조합 간부와 임금 협상 관련 회의 참석
- 목: ㉣사내 야구 동호회 결승전 참가
- 금: ㉤대학교 총동창회 송년 모임 참석

〈답안지〉

사회 집단	답란	점수/만점
A	㉠, ㉤	2점/3점
B	㉢, ㉣	2점/3점
C	㉠, ㉢, ㉣, ㉤	4점/4점
총점		8점/10점

〈 보기 〉

ㄱ. A는 자발적 결사체, B는 공식 조직, C는 이익 사회이다.

ㄴ. 모든 비공식 조직은 B에 해당한다.

ㄷ. A의 사례로 ㉢을, B의 사례로 ㉤을 추가했다면, 총점은 10점이다.

ㄹ. A는 C와 달리 구성원 간 형식적 관계가 지배적이다.

① ㄱ, ㄴ ② ㄱ, ㄷ ③ ㄴ, ㄷ
④ ㄴ, ㄹ ⑤ ㄷ, ㄹ

[24911-0092] O △ ✕

2 다음은 일탈 이론을 활용한 게임이다. 이에 대한 설명으로 옳은 것은? [3점]

〈게임 규칙〉

- 카드의 구성이 같은 두 벌의 카드가 있다. 한 벌당 4장의 카드가 있고, 각 카드에는 낙인 이론과 뒤르켐의 아노미 이론 중 하나에 해당하는 특징이 적혀 있다.
- 갑과 을은 각각 낙인 이론과 뒤르켐의 아노미 이론 중 하나의 입장을 부여받고, 한 벌씩 카드를 받는다.
- 갑과 을은 각각 4장의 카드 중 자신이 부여받은 일탈 이론에 해당하는 내용이 있다고 생각하는 카드를 2장씩 고른다.
- 갑과 을은 각각 자신이 고른 2장의 카드 중 자신이 부여받은 입장에 해당하는 내용이 있는 카드가 2장인 경우 2점, 1장인 경우 1점, 없는 경우 0점을 받는다.

〈게임 진행 결과〉

갑은 〈카드 1〉과 [(가)]를 뽑았고, 을은 〈카드 3〉과 [(나)]를 뽑았다.

〈카드 1〉 — 일탈자의 행동이 가지는 속성에 의해 일탈 행동이 규정된다.

〈카드 2〉 — 일탈자로서의 자아 정체성 형성 과정에 주목한다.

〈카드 3〉 — 일탈 행동의 대책으로 사회 규범의 통제력 회복을 강조한다.

〈카드 4〉 — 일탈 행동은 타인과의 상호 작용 과정에서 규정된다고 본다.

① 갑이 낙인 이론을 부여받았다면, 최대 2점을 획득할 수 있다.

② 을이 뒤르켐의 아노미 이론을 부여받았다면, 2점을 획득할 수 없다.

③ 갑이 뒤르켐의 아노미 이론을 부여받았고 (가)가 '〈카드 2〉'라면, 갑은 2점을 획득한다.

④ 을이 낙인 이론을 부여받았고 (나)가 '〈카드 4〉'라면, 을은 2점을 획득한다.

⑤ 갑이 낙인 이론, 을이 뒤르켐의 아노미 이론을 부여받았고 (가)가 '〈카드 3〉', (나)가 '〈카드 1〉'이라면, 을이 획득한 점수는 갑보다 높다.

[24911-0093] ○ △ ✕

3 교사의 진술을 바탕으로 구분한 자료 수집 방법 A~C에 대한 질문에 모두 옳게 응답한 학생은? (단, A~C는 각각 면접법, 질문지법, 참여 관찰법 중 하나임.)

질문 \ 학생	갑	을	병	정	무
A는 B에 비해 시간과 비용 측면에서 비효율적입니까?	○	○	○	○	✕
B는 C에 비해 조사자와 조사 대상자의 정서적 유대 관계가 중시됩니까?	○	○	✕	✕	○
C는 A와 달리 자료 수집 과정에서 연구자의 주관적 가치가 개입될 수 있습니까?	○	✕	○	✕	✕
A는 B, C에 비해 구조화 · 표준화된 자료 수집 방법입니까?	✕	○	✕	✕	✕

(○: 예, ✕: 아니요)

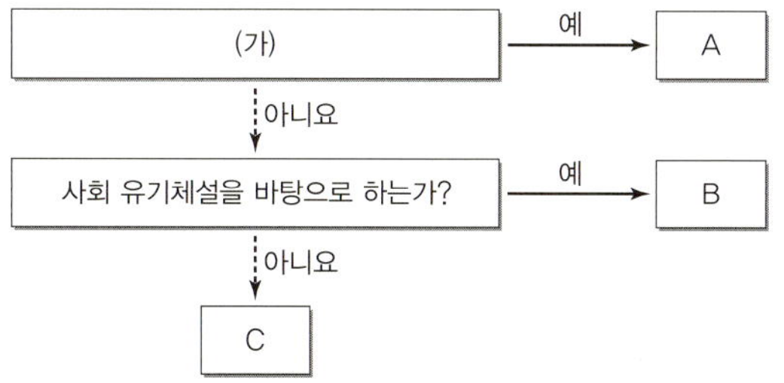

① 갑　　② 을　　③ 병　　④ 정　　⑤ 무

[24911-0094] ○ △ ✕

4 다음 자료에 대한 설명으로 옳은 것은? (단, A~C는 각각 문화 사대주의, 문화 상대주의, 자문화 중심주의 중 하나임.)

> 교사: 문화 이해 태도 A~C에 대해 설명해 보세요.
> 갑: A와 B는 모두 문화 간에 우열이 존재한다고 봅니다.
> 을: B는 C와 달리 자기 문화의 우수성을 지나치게 강조합니다.
> 병: C는 A와 달리 모든 문화가 고유한 가치를 지니고 있다고 봅니다.
> 교사: ㉠한 사람만 옳게 설명하였습니다.

① ㉠은 '병'이다.
② A는 국수주의를 초래할 가능성이 높다.
③ B는 자기 문화를 다른 사회로 이식하는 것을 정당화할 우려가 크다.
④ A와 C는 모두 특정 문화를 기준으로 각 사회의 문화를 평가한다.
⑤ B는 C에 비해 타 문화 수용에 적극적이다.

[24911-0095] ○ △ ✕

5 그림은 질문에 따라 사회 · 문화 현상을 바라보는 관점 A~C를 구분한 것이다. 이에 대한 설명으로 옳은 것은? (단, A~C는 각각 기능론, 갈등론, 상징적 상호 작용론 중 하나임.)

① B는 사회 제도를 계급 재생산을 위한 수단으로 본다.
② A가 상징적 상호 작용론이라면, C는 사회 규범이 사회 전체의 합의를 통해 형성된다고 본다.
③ (가)에는 '거시적 관점에서 사회 · 문화 현상을 바라보는가?'가 들어갈 수 있다.
④ (가)가 '사회적 희소가치를 둘러싼 집단 간 이해관계의 대립을 강조하는가?'라면, C는 행위자의 능동성을 경시한다.
⑤ C가 갈등론이라면, (가)에는 '개인은 각자의 주관에 따라 다양한 사회상을 만들어 낸다고 보는가?'가 들어갈 수 있다.

[24911-0096] ○ △ ✕

6 다음 자료에 대한 옳은 분석만을 〈보기〉에서 있는 대로 고른 것은? [3점]

표는 ○○국에 존재하는 음식 문화 요소를 시기별로 모두 나타낸 것이다. 단, ○○국은 갑~병 지역만 존재하고, 제시된 음식 문화 요소는 해당 지역에 거주하는 대다수 사람들이 향유하며, 세 지역의 인구는 비슷하다. 그리고 T+1 시기에 한 지역에서만 ○○국의 지배적인 문화 요소에 저항하는 문화 요소가 나타났다.

구분	갑 지역	을 지역	병 지역
T 시기	a, b	a, c	a, d
T+1 시기	a, b, d	a, c, e	a, b, c, d
T+2 시기	a, b, c, d	a, c, e	a, c, d

〈 보기 〉

ㄱ. T 시기에 a는 ○○국의 주류 문화 요소이다.
ㄴ. T+1 시기에 반문화 요소가 나타난 지역은 을 지역이다.
ㄷ. T+1 시기에 b는 d와 달리 ○○국의 하위문화 요소이다.
ㄹ. T+2 시기에는 T+1 시기보다 ○○국의 주류 문화 요소가 다양해졌다.

① ㄱ, ㄷ ② ㄱ, ㄹ ③ ㄴ, ㄷ
④ ㄱ, ㄴ, ㄹ ⑤ ㄴ, ㄷ, ㄹ

[24911-0097] ○ △ ✕

7 다음 두 사례를 종합하여 내린 결론으로 가장 적절한 것은?

• 갑국 출신 결혼 이민 여성들은 대부분 자국에서는 대학을 나오고 전문직에 종사하는 등 우수한 인재로 인정받았지만, 을국에 와서는 말과 행동이 서툴다는 이유로 주변 사람들로부터 냉대를 받으며 힘겨운 나날을 보내고 있다.
• 수십 년 전 병국으로 이주해 온 A 부족은 토착 세력인 B 부족에 의해 오랜 세월 동안 차별을 받아 왔다. 그런데 최근 경제 호황으로 사회적 지위가 향상된 A 부족은 새로이 C 부족이 이주해 오자 자신들이 B 부족에게 받았던 것 이상으로 C 부족을 차별하고 있다.

① 사회적 소수자는 주류 집단보다 수적으로 열세에 놓인 집단을 의미한다.
② 사회적 소수자는 스스로 차별받는 집단의 구성원이라는 인식을 갖고 있다.
③ 사회적 소수자의 지위에서 벗어나기 위해서는 주류 집단의 문화를 수용해야 한다.
④ 사회적 소수자가 되는 기준은 시대, 장소, 소속 집단의 범주 등에 따라 상대적이다.
⑤ 사회적 소수자에 대한 차별은 개인적 능력의 차이가 집합적 차별로 전환된 결과이다.

[24911-0098] ○ △ ✕

8 다음 자료에 대한 분석으로 옳은 것은? [3점]

표는 갑국의 인구 관련 지표의 변화를 나타낸 것이다. 단, a~c는 각각 전체 인구에서 유소년 인구(0~14세 인구), 부양 인구(15~64세 인구), 노년 인구(65세 이상 인구)가 차지하는 비율 중 하나이다. t년의 유소년 부양비는 50이며, 노년 인구비는 t년 : t+50년 : t+100년 = 2 : 3 : 6이다.

구분	t년	t+50년	t+100년
$\dfrac{b}{a}$	$\dfrac{1}{6}$	$\dfrac{3}{5}$	1
$\dfrac{c}{b}$	3	$\dfrac{2}{3}$	$\dfrac{1}{2}$

* 유소년 부양비=(0~14세 인구/15~64세 인구)×100
** 노령화 지수=(65세 이상 인구/0~14세 인구)×100

① 노년 인구는 지속적으로 감소하였다.
② 총인구는 t+100년이 t+50년보다 적다.
③ 노령화 지수는 t+100년이 t년의 6배이다.
④ 총인구에서 부양 인구가 차지하는 비중은 t+50년이 가장 높다.
⑤ 총인구에서 유소년 인구를 제외한 인구는 t+50년이 t년보다 많다.

9 (가), (나)에 대한 설명으로 옳은 것은?

> (가) 인권 운동 단체는 사형 제도를 국가가 생명권을 직접 침해하는 반인권적 형벌이고 국제 사회도 금지하는 잔인한 폭력 제도로 보고 지속적인 사형 제도 폐지 운동을 하였다. 이런 노력으로 국회에서 사형 제도 폐지 법안이 상정되기도 하였다. 또한 2019년 국가 인권 위원회는 헌법 소원 심판에서 사형 제도 폐지에 대한 의견서를 제출하였다.
>
> (나) 18세기 후반 프랑스의 재정 충당에 대한 제1, 2 신분과 제3 신분 간의 갈등은 프랑스 혁명의 한 요인이다. 삼부회의를 소집해 재정 충당 문제를 해결하려는 과정에서 국왕이 제3 신분을 대변하는 국민 의회를 강제 해산하면서 혁명이 시작되었다. 이 과정에서 시민들은 인권 선언을 제정 · 발표하였는데, 인간은 자유롭고 평등한 권리를 지닌다는 것이 인권 선언의 주요 내용이다. 혁명의 성공으로 절대 왕정은 무너지게 되었다.

① (가)에는 현재의 사회 구조 전체를 근본적으로 바꾸려는 사회 운동이 나타난다.

② (나)에는 과거의 사회 질서로 돌아가려는 사회 운동이 나타난다.

③ (가)에는 (나)와 달리 기존 사회 제도를 유지하려는 사회 운동이 나타난다.

④ (나)에는 (가)와 달리 사회 제도를 개선하고자 하는 사회 운동이 나타난다.

⑤ (가), (나)에는 모두 조직적 체계를 바탕으로 집단의 가치관이나 신념을 실현하려는 사회 운동이 나타난다.

10 다음 자료에 대한 분석으로 옳은 것은? [3점]

> ⟨자료 1⟩ 갑국의 사회 보장 제도
>
> > (가) 개별 가구 소득이 국가가 정한 일정 기준선에 미달하는 가구를 대상으로 생계, 의료, 주거, 교육 등 기초적인 생활을 영위할 수 있도록 현금 또는 현물을 지원하는 제도
> >
> > (나) 근로자의 업무상 재해를 신속하고 공정하게 보상하고, 근로자의 재활 및 사회 복귀를 촉진하며, 산업 재해 예방과 그 밖에 근로자의 복지 증진을 위한 사업 등을 하기 위해 시행하는 제도

⟨자료 2⟩ 갑국의 (가), (나) 제도 수급자 비율

(단위: %)

구분	A 지역	B 지역	C 지역	전체
(가)	6	8	4	6
(나)	15	㉠	㉡	30

* 갑국의 사회 보장 제도는 우리나라의 사회 보장 제도와 동일함.
** 갑국은 A~C 지역으로만 구성되고, A 지역 인구는 B 지역 인구의 2배이며, 사전 예방적 성격이 강한 제도의 경우 B 지역 수급자 수는 C 지역 수급자 수의 2배임.
*** 해당 지역 수급자 비율(%)=(해당 지역 수급자 수/해당 지역 인구)×100

① ㉠이 ㉡보다 작다.

② 사후 처방적 성격이 강한 제도의 경우, B 지역 수급자 수는 A 지역 수급자 수보다 많다.

③ 공공 부조에 해당하는 제도의 수급자 수 대비 사회 보험에 해당하는 제도의 수급자 수는 C 지역이 B 지역보다 크다.

④ 선별적 복지 성격이 강한 제도의 갑국 전체 수급자 수는 보편적 복지 성격이 강한 제도의 B 지역 수급자 수보다 적다.

⑤ 상호 부조의 원리가 적용되는 제도의 경우, A와 B 지역 간 수급자 수 차이는 B와 C 지역 간 수급자 수 차이의 2배이다.

11_회 미니모의고사

EBS 수능특강 Q 미니모의고사 **사회 · 문화**

○ 알고 맞힘   /10   △ 헷갈림   /10   ✕ 모르고 틀림   /10

[24911-0101] ○ △ ✕

1 밑줄 친 ㉠~㉣과 같은 현상의 일반적인 특징에 대한 설명으로 옳은 것은?

① ㉠과 같은 현상은 ㉡과 같은 현상과 달리 몰가치적이다.

② ㉡과 같은 현상은 ㉢과 같은 현상과 달리 존재 법칙을 따른다.

③ ㉢과 같은 현상은 ㉣과 같은 현상과 달리 개연성으로 설명된다.

④ ㉣과 같은 현상은 ㉠과 같은 현상과 달리 확률의 원리가 적용된다.

⑤ ㉠, ㉢과 같은 현상은 ㉡, ㉣과 같은 현상에 비해 보편성이 강하게 나타난다.

[24911-0102] ○ △ ✕

2 다음 연구에 대한 옳은 설명만을 〈보기〉에서 고른 것은? [3점]

- **연구 주제:** 선배와의 멘토링이 고등학생의 ㉠동기 부여 및 ㉡스트레스에 미치는 영향
- **연구 가설**
  〈가설 1〉 ▢▢▢▢▢▢▢▢▢ (가) ▢▢▢▢▢▢▢▢▢
  〈가설 2〉 선배와의 멘토링은 고등학생의 스트레스를 감소시킬 것이다.
- **연구 설계 및 자료 수집:** 고등학교 1학년 남학생과 여학생 각각 1,000명을 무작위로 선정하여 A, B 두 집단에 각각 남녀 500명씩을 임의로 배정함. 6개월간 A 집단은 정기적으로 선배와 멘토링을 진행하고, B 집단은 선배와의 교류 없이 생활하게 하였음. 멘토링 전후에 검사지를 활용하여 동기 부여 정도와 스트레스 정도를 스스로 평가하게 하였음.
- **자료 분석 및 가설 검증:** 자료 분석 결과는 표와 같으며, 〈가설 1〉과 〈가설 2〉 중 하나만 수용되었음.

(단위: 점)

구분		A 집단		B 집단	
		남	여	남	여
동기 부여 지수	사전 검사	6.0	6.1	5.9	6.0
	사후 검사	6.5	6.6	5.8	5.9
㉡스트레스 지수	사전 검사	7.0	7.3	7.0	7.2
	사후 검사	6.5	8.0	7.0	7.1

* 표의 점수는 각각 동기 부여와 스트레스를 10점 만점으로 한 해당 집단의 평균값이며, 점수가 높을수록 그 정도가 높음.

** 분석 결과는 통계적으로 유의미함.

〈 보기 〉

ㄱ. A 집단은 통제 집단, B는 실험 집단이다.

ㄴ. ㉠, ㉡은 모두 종속 변인이다.

ㄷ. ㉡의 경우, A 집단의 여학생은 남학생과 달리 선배와의 멘토링으로부터 영향을 받지 않았다.

ㄹ. (가)에는 '선배와의 멘토링은 고등학생의 동기 부여를 향상시킬 것이다.'가 들어갈 수 있다.

① ㄱ, ㄴ   ② ㄱ, ㄷ   ③ ㄴ, ㄷ

④ ㄴ, ㄹ   ⑤ ㄷ, ㄹ

[24911-0103] ○ △ ×

3 표는 각 질문에 대한 응답이 같은 사회·문화 현상을 바라보는 관점을 나타낸 것이다. 이에 대한 설명으로 옳은 것은? (단, A~C는 각각 기능론, 갈등론, 상징적 상호 작용론 중 하나임.)

질문	관점
㉠사회·문화 현상을 거시적 측면에서 설명하는가?	A, B
㉡기득권층의 이익을 대변하는 논리로 이용될 수 있다는 비판을 받는가?	A, C
(가)	B, C

① ㉠에 대한 A, B의 응답과 ㉡에 대한 A, C의 응답이 같다.
② A는 기존 질서나 권력 관계의 유지에 기여하는 보수적 관점이라는 평가를 받는다.
③ B는 사회 질서가 지배 계급의 강요에 의해 나타난 결과라고 본다.
④ C는 사회 각 부분이 유기적으로 연결되어 하나의 체계를 이루고 있다고 전제한다.
⑤ (가)에는 '상황에 대한 개인의 주관적인 의미 부여를 강조하는가?'가 들어갈 수 없다.

[24911-0104] ○ △ ×

4 다음 자료에 대한 설명으로 옳은 것은? (단, A~C는 각각 주류 문화, 하위문화, 반문화 중 하나임.)

> 교사: A~C에 대해 설명해 보세요.
> 갑: A는 모두 B에 속합니다.
> 을: C는 한 사회의 구성원 대다수가 공유하는 문화입니다.
> 병: (가)
> 정: B의 사례로는 특정 지역 주민이 공유하는 사투리를 들 수 있습니다.
> 교사: ㉠한 사람을 제외하고 모두 옳게 설명하였어요.

① B는 사회의 지배적인 가치에 저항하는 것이 일반적이다.
② A는 B와 달리 한 사회 내 특정 집단의 생활 양식이다.
③ B는 C와 달리 해당 문화를 공유하는 구성원들에게 정체성을 제공하지 않는다.
④ ㉠은 갑이다.
⑤ (가)에는 'A는 사회가 변화하면서 C가 될 수 있습니다.'가 들어갈 수 없다.

[24911-0105] ○ △ ×

5 다음 자료에 대한 옳은 설명만을 〈보기〉에서 고른 것은? (단, A~D는 각각 공동 사회, 공식 조직, 이익 사회, 자발적 결사체 중 하나임.) [3점]

> 〈과제〉 밑줄 친 사회 집단 ㉠~㉥을 A~D에 맞게 분류하시오. (단, 해당하는 모든 사회 집단을 적어야 옳은 답이 됨.)
>
> 동아리 회장: 오늘 주말 독서 토론 동아리에 와 주신 여러분 환영합니다. 본인 소개와 더불어 이 모임에 참가하게 된 계기를 말씀해 주세요.
> 갑: 저는 ㉠○○ 회사 마케팅 부서에서 일하고 있습니다. 대학 동기인 친구 을의 소개로 동아리에 가입하게 되었습니다.
> 을: ㉡△△ 환경 단체에서 활동하고 있습니다. 저희 ㉢가족은 독서를 정말 즐기는데, 특히 제 친언니가 이 모임에서 활발히 활동하며 ㉣출판인 협회로부터 표창을 받는 모습을 보고 저도 참여하게 되었습니다.
> 병: 저는 ㉤□□ 방송국에서 근무하고 있습니다. ㉥방송국 내 연극 동호회에서도 활동 중인데 관련 경험을 더 하고 싶어서 이 동아리에 가입했습니다.
>
> 〈분류 결과〉
>
> | | |
> |---|---|
> | A | ㉠, ㉡, ㉣, ㉤, ㉥ |
> | B | (가) |
> | C | ㉡, ㉣, ㉥ |
> | D | ㉢ |
>
> 〈교사의 평가〉
> 밑줄 친 사회 집단을 모두 옳게 분류하였음.

〈보기〉
ㄱ. (가)에는 '㉠, ㉡, ㉣, ㉤'이 들어간다.
ㄴ. ㉠~㉥ 중 비공식 조직의 개수는 1개이다.
ㄷ. C는 공식 조직, D는 공동 사회이다.
ㄹ. D는 C와 달리 구성원 간 형식적 관계가 중시된다.

① ㄱ, ㄴ ② ㄱ, ㄷ ③ ㄴ, ㄷ
④ ㄴ, ㄹ ⑤ ㄷ, ㄹ

[24911-0106] ○ △ ✕

6 일탈 이론을 활용한 다음 게임에 대한 옳은 설명만을 〈보기〉에서 있는 대로 고른 것은? [3점]

징검다리를 건너라!

〈게임의 규칙〉

– 징검다리에 적혀 있는 내용이 낙인 이론에만 해당하면 1점, 머튼의 아노미 이론에만 해당하면 2점, 차별 교제 이론에만 해당하면 3점, 차별 교제 이론과 낙인 이론 모두에 해당하면 4점이다.

– 갑과 을은 게임 한 세트당 총 3번의 주사위를 번갈아 가며 던지고 주사위를 던져 도착한 곳에서 점수를 기록하고, 그 곳에서 다시 주사위를 던진다.

– 주사위를 3번 던져 나온 각 점수의 합이 높은 쪽이 이기게 된다.

– 각 세트는 늘 '출발' 지점에서 시작한다.

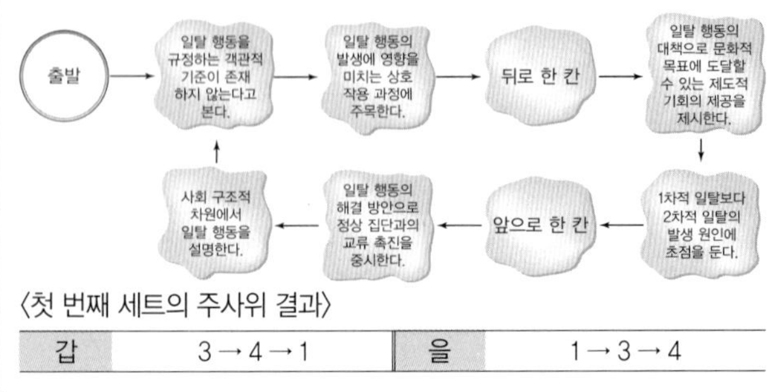

〈첫 번째 세트의 주사위 결과〉

갑	3 → 4 → 1	을	1 → 3 → 4

〈 보기 〉

ㄱ. 첫 번째 세트 결과 갑은 4점, 을은 5점을 획득하여 을이 이기게 된다.

ㄴ. 주사위를 던진 결과 '2 → 5 → 3'이 나왔다면, 점수의 합은 11점이다.

ㄷ. 주사위를 던진 결과 '1 → 1 → 3'이 나왔다면, 이는 모두 낙인 이론에 해당하는 내용이 들어간 주사위 조합이다.

ㄹ. 두 번째 세트에서 갑의 주사위 결과 '2 → 1 → 3', 을의 주사위 결과가 '3 → 3 → 1'이 나올 경우 갑, 을의 점수는 동일하다.

① ㄱ, ㄴ　　② ㄱ, ㄹ　　③ ㄴ, ㄷ
④ ㄱ, ㄴ, ㄹ　　⑤ ㄴ, ㄷ, ㄹ

[24911-0107] ○ △ ✕

7 밑줄 친 ㉠~㉫에 대한 옳은 설명만을 〈보기〉에서 고른 것은?

㉠산업 사회가 권력 및 정보의 중앙 집중과 비대칭적 소유를 특징으로 한다면 ㉡정보 사회는 권력 및 정보의 분산과 공유를 특징으로 한다. 이는 ㉢정보 사회를 대표하는 뉴 미디어가 ㉣산업 사회를 대표하는 대중 매체와 달리 쌍방향 소통과 정보의 무한한 복제 및 재유포를 가능하게 한다는 점에 기인한다. 한편, 정보 사회에서 나타나고 있는 권력 및 정보의 분산과 공유는 기업이나 정부 같은 사회 조직에도 큰 영향을 미쳐 ㉤산업 사회에서 지배적이었던 수직적 조직 형태와 다른 ㉥새로운 조직 형태의 확산을 가속화하고 있다.

〈 보기 〉

ㄱ. ㉠은 ㉡에 비해 다품종 소량 생산 방식의 비중이 높다.

ㄴ. ㉡은 ㉠에 비해 가정과 일터의 결합 정도가 높다.

ㄷ. ㉢은 ㉣에 비해 정보 제공자와 수용자 간의 구분이 모호하다.

ㄹ. ㉥은 ㉤에 비해 규약의 엄격한 준수와 과업의 분업화를 중시한다.

① ㄱ, ㄴ　　② ㄱ, ㄷ　　③ ㄴ, ㄷ
④ ㄴ, ㄹ　　⑤ ㄷ, ㄹ

[24911-0108] ○ △ ✕

8 다음 자료에 대한 분석으로 옳은 것은? (단, 갑국은 A, B 지역으로만 구성됨.) [3점]

〈갑국의 총부양비와 노년 부양비〉

구분	A 지역	B 지역	전체
총부양비	44	53	50
노년 부양비	14	20	18

* 총부양비＝{(0~14세 인구＋65세 이상 인구)/15~64세 인구}×100
** 노년 부양비＝(65세 이상 인구/15~64세 인구)×100
*** 유소년 부양비＝(0~14세 인구/15~64세 인구)×100
**** 전체 인구에서 65세 이상 인구가 차지하는 비율이 7% 이상이면 고령화 사회, 14% 이상이면 고령 사회, 20% 이상이면 초고령 사회임.

① 15~64세 인구는 A 지역이 B 지역보다 많다.

② 유소년 부양비는 A 지역이 B 지역보다 크다.

③ 15~64세 인구 1명당 65세 이상 인구는 B 지역이 A 지역보다 크다.

④ 갑국 전체는 고령화 사회, A 지역과 B 지역은 모두 고령 사회이다.

⑤ A 지역 대비 B 지역의 인구의 비(比)는 0~14세 인구가 65세 이상 인구보다 크다.

[24911-0109] ○ △ ✕

9 다음 자료에 대한 옳은 설명만을 〈보기〉에서 고른 것은? (단, A, B는 각각 순환론, 진화론 중 하나임.)

〈활동 내용〉 A와 구분되는 B의 입장이 적혀 있는 카드 고르기

〈갑~병이 고른 카드〉

갑	을	병
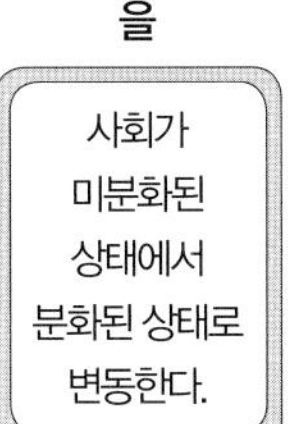 모든 사회는 필연적으로 쇠락의 단계를 거친다.	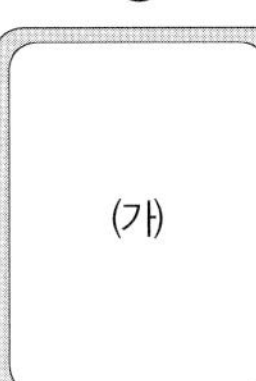 사회가 미분화된 상태에서 분화된 상태로 변동한다.	(가)

〈평가〉 옳은 내용이 적혀 있는 카드를 고른 사람은 ⊙두 명뿐임.

〈 보기 〉

ㄱ. A가 사회를 유기체와 마찬가지로 생성, 성장, 쇠퇴, 소멸의 과정을 반복한다고 보는 이론이라면, 갑은 ⊙에 포함되지 않는다.

ㄴ. B가 사회 변동을 진보의 과정으로 이해하는 이론이라면, 을은 ⊙에 포함되지 않는다.

ㄷ. (가)에 '사회가 시간이 흐름에 따라 흥망성쇠를 거듭한다.'가 들어가면, 병은 ⊙에 포함된다.

ㄹ. 갑이 ⊙에 포함되면, (가)에는 '사회 변동은 일정한 방향을 가진다.'가 들어갈 수 있다.

① ㄱ, ㄴ   ② ㄱ, ㄷ   ③ ㄴ, ㄷ
④ ㄴ, ㄹ   ⑤ ㄷ, ㄹ

[24911-0110] ○ △ ✕

10 다음 자료에 대한 설명으로 옳은 것은? [3점]

〈자료 1〉 갑국의 사회 보장 제도

(가) 소득 인정액이 선정 기준액 이하인 노인에게 기초 연금을 지급하는 제도

(나) 고령이나 노인성 질병 등의 사유로 일상생활을 혼자서 수행하기 어려운 노인 등에게 장기 요양 급여를 제공하는 제도

〈자료 2〉 갑국의 지역별 수급자 비율

(단위: %)

구분	A 지역	B 지역	C 지역	전체
(가)	5	⊙	3	5
(나)	4	8	8	ⓛ

* 갑국은 A~C 세 지역으로만 구성되고, 갑국의 사회 보장 제도는 우리나라의 사회 보장 제도와 동일함.

** 보편적 복지 이념을 바탕으로 하는 제도의 수급자 수는 B 지역이 A 지역의 4배, C 지역의 2배임.

*** 지역별 수급자 비율(%)= $\dfrac{\text{해당 지역 수급자 수}}{\text{해당 지역 인구}} \times 100$

① ⊙과 ⓛ은 동일하다.

② 강제 가입을 원칙으로 하는 제도의 수급자 수는 A 지역이 B 지역보다 많다.

③ 상호 부조의 원리를 기반으로 하는 제도의 수급자 수는 A 지역과 C 지역이 동일하다.

④ 정부 재정으로 비용 전액을 충당하는 제도의 수급자 수는 B 지역이 C 지역의 2배이다.

⑤ 사후 처방적 성격이 강한 제도의 갑국 전체 수급자 수는 사전 예방적 성격이 강한 제도의 C 지역 수급자 수의 2.5배이다.

12회 미니모의고사

EBS 수능특강 Q 미니모의고사 **사회 · 문화**

O 알고 맞힘 /10   △ 헷갈림 /10   ✕ 모르고 틀림 /10

[24911-0111] O △ ✕

1 다음 자료에 대한 설명으로 옳은 것은?

표는 사회 · 문화 현상을 바라보는 관점 A~C를 구분할 수 있는 질문과 구분할 수 없는 질문을 나타낸 것이다. 단, A~C는 각각 기능론, 갈등론, 상징적 상호 작용론 중 하나이다.

관점	구분할 수 있는 질문	구분할 수 없는 질문
A와 B	사회 구성원의 상황 정의에 기초한 상호 작용을 중시하는가?	(가)
B와 C	(나)	사회가 스스로 균형을 유지하려는 속성을 지닌다고 보는가?

① A는 C와 달리 기득권층의 이익을 대변한다는 비판을 받는다.

② B는 A와 달리 사회 구조가 개인의 행위를 강제한다고 본다.

③ C는 A와 달리 사회 문제가 발생한 상황을 예외적인 상황으로 이해한다.

④ (가)에는 '행위자의 자율성과 능동성을 중시하는가?'가 들어갈 수 있다.

⑤ (나)에는 '사회 각 요소 간의 기능적 의존 관계를 중시하는가?'가 들어갈 수 있다.

[24911-0112] O △ ✕

2 표는 일탈 이론 A~C의 한계를 정리한 것이다. A~C에 대한 설명으로 옳은 것은? (단, A~C는 각각 낙인 이론, 머튼의 아노미 이론, 차별 교제 이론 중 하나임.)

일탈 이론	한계
A	일탈 행위자와 장기간 접촉해도 일탈자가 되지 않은 경우에 대해 충분한 대답을 주지 못한다.
B	일탈을 범한 사람에 대한 사회적 반응에만 지나치게 초점을 맞춘 나머지 최초의 일탈을 설명하지 못한다.
C	일탈의 원인을 사회 구조 속에서 파악하는 데 중점을 둔 나머지 개인들 간의 상호 작용이 일탈 행동의 발생에 미치는 영향을 소홀히 한다.

① A는 부정적 자아의 형성 과정에 주목한다.

② B는 일탈자가 되어 가는 내면적 과정에 초점을 맞춘다.

③ A는 B와 달리 차별적인 제재를 일탈 행동의 원인으로 본다.

④ B는 C와 달리 일탈자와의 상호 작용을 통한 일탈의 학습 과정을 중시한다.

⑤ C는 A와 달리 일탈을 규정하는 객관적인 기준이 있다고 본다.

[24911-0113] ○ △ ✕

3 밑줄 친 ㉠~◎에 대한 설명으로 옳은 것은? [3점]

- 연구 주제: 지속적인 봉사 활동이 청소년의 인성에 미치는 영향
- 연구 가설
  - ㉠지속적으로 봉사 활동에 참여하는 청소년이 그렇지 않은 청소년보다 관용 정신 정도가 높을 것이다.
  - ㉡지속적으로 봉사 활동에 참여하는 청소년이 그렇지 않은 청소년보다 공동체 의식 수준이 높을 것이다.
- 연구 설계
  - 조사 방법: 청소년 1,000명을 무작위로 추출 및 선정하여 설문 조사
  - 조사 항목: 봉사 활동의 지속 정도, ㉢관용 정신 지수, ㉣공동체 의식 지수
- 분석 결과
  - 봉사 활동의 지속 정도에 따라 세 개의 집단으로 구분한 결과, ㉤지속성이 높은 집단의 관용 정신 지수는 53점, ㉥중간 집단은 62점, 낮은 집단은 70점이었으며, ㉦통계적으로 유의미한 차이가 나타남.
  - 봉사 활동의 지속 정도에 따라 구분한 ◎위 세 개의 집단 각각에서 봉사 활동의 지속 정도와 공동체 의식 지수는 통계적으로 유의미한 양(+)의 상관관계가 있는 것으로 나타남.

*조사 항목은 모두 100점 만점으로 점수화하였으며, 점수가 높을수록 그 정도가 많거나 높음.

① ㉠은 기각되었고, ㉡은 수용되었다.
② ㉢은 종속 변인, ㉣은 독립 변인에 해당한다.
③ ㉤과 ㉥은 모두 실험 집단에 해당한다.
④ ㉦은 1차 자료, ◎은 2차 자료를 분석하여 얻은 결과이다.
⑤ ◎을 통해 ㉠이 검증되었다.

[24911-0114] ○ △ ✕

4 다음 자료에 대한 옳은 설명만을 〈보기〉에서 고른 것은? (단, A~D는 각각 이익 사회, 공식 조직, 비공식 조직, 자발적 결사체 중 하나임.) [3점]

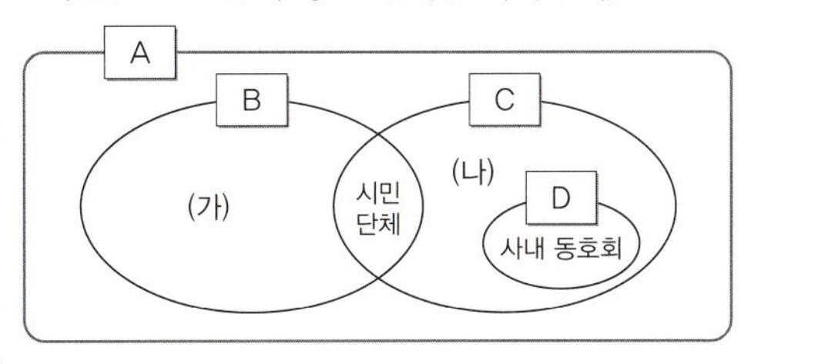

〈 보기 〉

ㄱ. A는 이익 사회, B는 공식 조직, C는 자발적 결사체, D는 비공식 조직이다.
ㄴ. C는 구성원의 본질 의지에 의해 형성된다.
ㄷ. 모든 D는 B 내에서 업무 이외의 공통의 관심사 실현을 위해 형성된다.
ㄹ. (가)는 '학교', (나)는 '대학교 총동창회'가 될 수 있다.

① ㄱ, ㄴ　　　② ㄱ, ㄷ　　　③ ㄴ, ㄷ
④ ㄴ, ㄹ　　　⑤ ㄷ, ㄹ

[24911-0115] ○ △ ✕

5 다음 자료에 대한 옳은 설명만을 〈보기〉에서 있는 대로 고른 것은? (단, A, B는 각각 사회 명목론, 사회 실재론 중 하나임.)

질문	답변	
	갑	을
A는 사회가 개인의 외부에 존재한다고 보는가?	아니요	아니요
A는 사회 문제 해결에 있어서 의식 개혁보다 제도 개선을 우선시하는가?	아니요	예
(가)	예	예
B는 개인의 능동성보다 사회의 구속력을 중시하는가?	예	㉠
점수	3점	2점

*각 질문별로 채점하고 맞으면 1점, 틀리면 0점을 부여함.

〈 보기 〉

ㄱ. A는 개인의 속성이 모여 사회의 속성이 결정된다고 본다.
ㄴ. B는 사회가 허구적 실체에 불과하다고 본다.
ㄷ. (가)에는 'B는 사회가 개인의 권리 보장을 위한 수단에 불과하다고 보는가?'가 들어갈 수 있다.
ㄹ. ㉠은 '예'이다.

① ㄱ, ㄷ　　　② ㄴ, ㄷ　　　③ ㄴ, ㄹ
④ ㄱ, ㄴ, ㄹ　　　⑤ ㄱ, ㄷ, ㄹ

6

[24911-0116] ○ △ ✕

다음 자료에 대한 설명으로 옳은 것은? [3점]

> • 갑국은 A국과 전쟁을 하던 중 A국 병사들이 입은 철제 갑옷으로부터 아이디어를 얻어 철갑을 두른 전차를 개발하게 되었고, 그 전차를 전쟁에 투입함으로써 A국과의 오랜 전쟁에서 승리하였다.
> • 을국에서는 B국과 무역을 하던 중 을국에 들어온 B국 상인들을 통해 B국의 빵이 전파되었는데, 이후 B국의 빵에 을국의 다양한 전통 음식 재료들이 더해져 새로운 빵이 탄생하였고 그 빵이 을국의 주식으로 자리 잡았다.

표는 갑국의 문화 변동과 을국의 문화 변동 간에 나타나는 차이점과 공통점을 분석한 것이다.

구분	갑국의 문화 변동	을국의 문화 변동
차이점	(가)	(나)
공통점	(다)	

① 갑국에서는 내재적 요인에 의해 문화 변동이 나타났다.
② 을국에서는 문화 변동의 결과 전통문화 요소의 정체성이 사라졌다.
③ (가)에는 '물질문화의 변동이 나타났다.'가 들어갈 수 있다.
④ (나)에는 '전파된 외래문화 요소의 형태와 정체성이 그대로 유지되었다.'가 들어갈 수 있다.
⑤ (다)에는 '새로운 문화 요소가 만들어졌다.'가 들어갈 수 있다.

7

[24911-0117] ○ △ ✕

다음 자료에 대한 옳은 설명만을 〈보기〉에서 고른 것은? (단, A, B는 각각 순환론, 진화론 중 하나임.)

> 〈서술형 평가 질문〉 사회 변동에 관하여 A와 구분되는 B의 특징을 3개 서술하시오. (옳은 서술 내용 1개당 1점, 틀린 서술 내용은 0점임.)
>
> 〈학생 갑의 서술 내용과 채점 결과〉
>
> | 답란 | 채점 결과 |
> | --- | --- |
> | • 사회 변동이 곧 사회 발전이라고 본다.
• (가)
• 모든 사회의 변동 방향이 동일하다고 본다. | 2점 |

〈 보기 〉

ㄱ. A는 사회 변동 과정에서 인간이 갖는 자율성을 중시한다.
ㄴ. B는 서구 제국주의를 정당화하는 논리로 이용될 수 있다는 비판을 받는다.
ㄷ. A는 B에 비해 미래의 사회 변동을 예측하고 대응하는 데 부적합하다는 한계가 있다.
ㄹ. (가)에는 '모든 사회가 소멸의 운명을 피할 수 없다고 본다.'가 들어갈 수 없다.

① ㄱ, ㄴ　　② ㄱ, ㄷ　　③ ㄴ, ㄷ
④ ㄴ, ㄹ　　⑤ ㄷ, ㄹ

[24911-0118] ○ △ ✕

8 표는 갑국과 을국의 노년 부양비 및 유소년 부양비를 나타낸 것이다. 이에 대한 분석으로 옳은 것은? (단, 부양 인구는 갑국과 을국이 동일함.) [3점]

구분	갑국	을국
노년 부양비	40	100
유소년 부양비	60	50

* 노년 부양비 = $\dfrac{\text{노년 인구(65세 이상 인구)}}{\text{부양 인구(15~64세 인구)}} \times 100$

** 유소년 부양비 = $\dfrac{\text{유소년 인구(0~14세 인구)}}{\text{부양 인구(15~64세 인구)}} \times 100$

① 유소년 인구는 갑국이 을국의 1.5배이다.
② 노년 인구는 을국이 갑국의 2.5배이다.
③ 부양 인구 비율은 갑국이 을국보다 낮다.
④ 노년 인구 100명당 부양 인구는 갑국이 을국보다 적다.
⑤ 갑국의 노년 인구 비율은 을국의 유소년 인구 비율보다 낮다.

[24911-0119] ○ △ ✕

9 다음은 산업 사회와 정보 사회의 일반적인 특징을 활용한 게임을 나타낸 것이다. 이에 대한 옳은 설명만을 〈보기〉에서 고른 것은? (단, A, B는 각각 산업 사회, 정보 사회 중 하나임.)

갑, 을 두 사람은 각각 2장의 카드를 배부받았다. 이후 동시에 갑은 을의 카드 중 1장을, 을은 갑의 카드 중 1장을 임의로 가져갔으며, 갑, 을이 각각 2장의 카드로 획득한 점수를 계산해 보니 갑은 2점, 을은 1점을 얻었다. 단, 각 카드의 내용이 A보다 B에서 그 정도가 높거나 강하게 나타나는 특징이면 1점, B보다 A에서 그 정도가 높거나 강하게 나타나는 득징이면 0점을 부여한다. 다음은 갑, 을이 처음에 배부받은 카드이다.

〈갑〉
비대면 접촉의 정도

사회의 다원화 정도

〈을〉
가정과 일터의 결합 정도

(가)

〈 보기 〉
ㄱ. A는 B보다 직업의 농질성 정도가 높다.
ㄴ. B가 A보다 먼저 등장하였다.
ㄷ. 갑은 을로부터 '가정과 일터의 결합 정도'가 적힌 카드를 가져왔다.
ㄹ. (가)에는 '구성원 간 익명성 정도'가 들어갈 수 있다.

① ㄱ, ㄴ   ② ㄱ, ㄷ   ③ ㄴ, ㄷ
④ ㄴ, ㄹ   ⑤ ㄷ, ㄹ

[24911-0120] ○ △ ✕

10 다음 자료에 대한 옳은 분석만을 〈보기〉에서 있는 대로 고른 것은? [3점]

(가) 제도는 65세 이상 인구 중 소득 인정액이 기준 금액 이하인 사람에게 연금을 지급하는 제도이며, (나) 제도는 일정 기간 보험료를 납부한 사람이 노령, 장애, 사망으로 소득이 상실될 때 본인 또는 가족에게 연금을 지급하는 제도이다.

〈갑국 (가), (나) 제도의 지역별 수급자 비율〉 (단위: %)

구분	A 지역	B 지역	C 지역	전체
(가)	5	6	8	6
(나)	20	45	20	30

* 갑국의 사회 보장 제도는 우리나라의 사회 보장 제도와 동일함.
** 갑국은 A~C 세 지역으로만 구성되고, B 지역의 전체 인구는 C 지역 전체 인구의 2배임.
*** 해당 지역 수급자 비율(%) = $\dfrac{\text{해당 지역 수급자 수}}{\text{해당 지역 인구}} \times 100$

〈 보기 〉
ㄱ. 선별적 복지 이념에 기초한 제도의 지역별 수급자 비율은 C 지역이 A 지역보다 높다.
ㄴ. 두 제도 중 소득 재분배 효과가 더 큰 제도의 지역별 수급자 비율은 A 지역과 C 지역이 같다.
ㄷ. 사전 예방적 성격이 강한 제도의 경우 A 지역과 C 지역 수급자 수의 합이 B 지역 수급자 수보다 적다.
ㄹ. 상호 부조의 성격을 갖는 제도의 수급자 수 대비 수혜자 선정 과정에서 낙인이 우려되는 제도의 수급자 수는 A 지역이 B 지역보다 크다.

① ㄱ, ㄷ   ② ㄴ, ㄷ   ③ ㄴ, ㄹ
④ ㄱ, ㄴ, ㄹ   ⑤ ㄱ, ㄷ, ㄹ

13회 미니모의고사

EBS 수능특강 Q 미니모의고사 **사회 · 문화**

O 알고 맞힘 /10   △ 헷갈림 /10   ✕ 모르고 틀림 /10

[24911-0121]   O △ ✕

1 밑줄 친 ㉠~㉣과 같은 현상의 일반적인 특징에 대하여 표의 질문에 모두 옳게 응답한 학생은?

> 우리나라의 6~7월경에는 ㉠많은 이들이 수국이 피는 곳을 찾는다. 수국은 일반적으로 하얀색을 나타내지만 꽃에 포함된 안토시아닌이라는 성분 때문에 심어진 흙의 성분과 환경에 따라 꽃의 색깔이 달라진다. 산성인 흙에서는 ㉡안토시아닌이라는 성분이 알루미늄 이온과 반응하여 수국 꽃의 색깔이 푸른색을 나타내며, 흙에 알루미늄 성분이 적어 알루미늄 이온과 안토시아닌이 결합하기 어려운 ㉢염기성인 경우에는 수국의 꽃이 붉은색으로 핀다. 그래서 색색의 아름다움을 만들기 위해 ㉣토양에 첨가제를 넣어 수국의 색을 원하는 색으로 바꾸기도 한다.

질문 \ 학생	갑	을	병	정	무
㉠과 같은 현상은 확실성의 원리를 따르는가?	✕	O	✕	O	✕
㉡과 같은 현상은 당위 규범의 영향을 받는가?	✕	O	✕	✕	O
㉢과 같은 현상은 보편성과 특수성이 함께 나타나는가?	✕	✕	✕	O	O
㉣과 같은 현상은 인간의 의지가 개입해서 나타나는가?	✕	O	O	✕	O

(O: 예, ✕: 아니요)

① 갑   ② 을   ③ 병   ④ 정   ⑤ 무

[24911-0122]   O △ ✕

2 그림은 사회 · 문화 현상을 바라보는 관점 A~C를 구분한 것이다. 이에 대한 설명으로 옳은 것은? (단, A~C는 각각 기능론, 갈등론, 상징적 상호 작용론 중 하나임.)

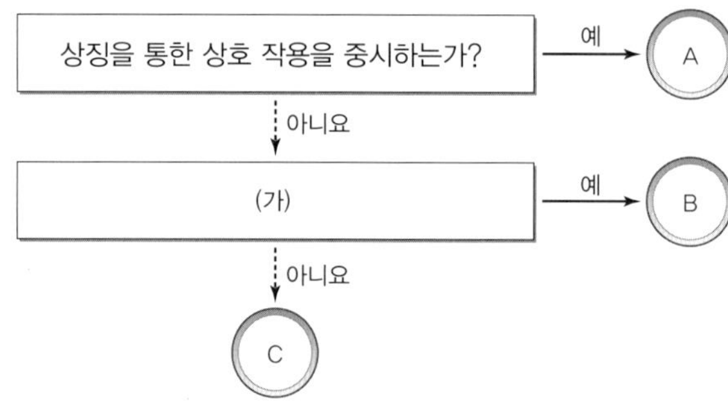

① A는 사회 · 문화 현상의 의미가 상황이나 맥락에 따라 달라지지 않는다고 본다.

② (가)가 '기득권층의 이익을 옹호하는 논리로 사용될 수 있는가?'이면, B는 C와 달리 사회 구성 요소의 기능과 역할이 사회 전체의 합의에 따른 것이라고 본다.

③ (가)가 '사회 불평등을 필수 불가결한 현상이라고 보는가?'이면, C는 B와 달리 사회 변동을 설명할 수 있다.

④ B가 집단 간의 갈등이 필연적이라고 보는 관점이라면, (가)에는 '개인의 행위를 구속하는 사회 체계에 초점을 두는가?'가 들어갈 수 있다.

⑤ C가 사회는 균형과 안정을 회복할 수 있는 힘을 갖는다고 보는 관점이라면, (가)에는 '사회적 희소가치를 둘러싼 집단 간의 대립에 초점을 두는가?'가 들어갈 수 없다.

[24911-0123] ○ △ ✕

3 다음 자료에 대한 설명으로 옳은 것은? [3점]

- 연구자 갑은 '㉠고등학생의 학교 폭력에 영향을 미치는 요인'을 주제로 연구를 진행하였다.
  〈가설 1〉 ㉡부모의 교육 방식이 강압적인 고등학생이 그렇지 않은 고등학생보다 학교 폭력을 저지르는 빈도가 높을 가능성이 클 것이다.
  〈가설 2〉 ㉢자주 접하는 대중 매체의 폭력성이 높은 고등학생이 그렇지 않은 고등학생보다 학교 폭력을 저지르는 빈도가 높을 가능성이 클 것이다.
- ㉣○○ 고등학교 학생 1,000명을 대상으로 부모의 교육 방식, 자주 접하는 대중 매체의 폭력성 정도, 학교 폭력 자행 빈도를 묻는 설문 조사를 실시하였다.
- 분석 결과(무응답자 없음)는 다음 표와 같고, 이 결과는 통계적으로 유의미하다.

〈조사 대상자 중 각 항목 해당 고등학생의 비율〉

(단위: %)

부모의 교육 방식	자주 접하는 대중 매체의 폭력성	고등학생의 학교 폭력 자행 빈도		
		상	중	하
강압적	높음	10	15	3
	낮음	20	5	7
비강압적	높음	5	7	5
	낮음	5	3	15

① ㉠은 모집단, ㉣은 실험 집단이다.
② ㉡은 독립 변인, ㉢은 종속 변인이다.
③ 1차 자료와 2차 자료가 모두 활용되었다.
④ 방법론적 이원론을 바탕으로 하는 연구 방법을 활용하였다.
⑤ 자료 분석 결과는 〈가설 1〉을 지지하지만, 〈가설 2〉는 지지하지 않는다.

[24911-0124] ○ △ ✕

4 다음 일탈 이론 (가), (나)에 대한 설명으로 옳은 것은? [3점]

〈수업용 읽기 자료〉

갑국의 모든 드라마와 영화의 주인공은 경제적 성공을 거둔 사람으로 묘사된다. 이러한 영향으로 갑국의 모든 사람들은 경제적 성공을 위해 열심히 노력하였고, A도 경제적 성공을 위해 밤낮으로 일하려고 하였다. 그러나 번번이 취업에 실패해 경제적으로 궁핍하게 되자, 이러한 상황에서 탈출하고자 A는 절도를 저질렀다. 경찰에 붙잡혀 복역을 마친 A는 심기일전하여 열심히 일하려고 하였으나 범죄 경력 때문에 위험 인물로 알려져 취업을 할 수 없게 되었다. 이렇게 되자 A는 반복적으로 절도 행위를 저지르게 되었다.

교사: A의 사례를 일탈 이론을 적용하여 설명해 보세요.
갑: A의 복역 전 시기에 나타난 일탈 행동은 목표에 대한 문화적 압력에 주목하면 (가)를 적용해야 합니다.
을: A의 복역 후 일탈 행동은 범죄 경력에 대한 사람들의 부정적인 인식과 그로 인한 부정적 자아 형성에 주목하면 (나)를 적용해야 합니다.
교사: A의 일탈 행동에 갑, 을은 각각 (가), (나)를 적절하게 적용하였습니다.

① (가)는 일탈 행동이 타인과의 상호 작용에 의해 발생함을 강조한다.
② (가)는 일탈 집단 대신 정상적인 집단과의 교류가 일탈 행동을 억제한다고 본다.
③ (나)는 문화직 목표와 제도직 수단 간의 괴리로 일딜 행동이 발생한다고 본다.
④ (나)는 일탈 행동을 정당화하는 가치관을 학습함으로써 일탈 행동이 발생한다고 본다.
⑤ (나)는 (가)와 달리 일탈을 규정하는 객관적 기준이 존재하지 않는다고 본다.

[24911-0125] ○ △ ✕

5 다음 자료에 대한 설명으로 옳은 것은? (단, A~C는 각각 문화 동화, 문화 병존, 문화 융합 중 하나임.) [3점]

〈서술형 평가〉

※ 문제: 표에 제시된 두 가지 문화 변동 결과를 구분할 수 있는 질문을 서술하시오. (단, 옳은 답을 쓴 경우 하나당 2점, 틀린 답을 쓴 경우 하나당 0점을 부여함.)

〈학생 갑의 서술 내용과 교사의 채점 결과〉

비교 대상	답란	교사의 채점 결과
A와 B	⊙전통문화 요소의 정체성이 소멸하는가?	0점
A와 C	ⓒ새로운 문화 요소가 창조되는가?	2점
B와 C	(가)	2점

---

① ⊙에 대한 A의 응답과 B의 응답은 모두 '아니요'이다.

② ⓒ에 대한 A의 응답은 '아니요'이고, C의 응답은 '예'이다.

③ (가)에는 '외래문화 요소의 형태와 정체성이 그대로 유지되는가?'가 들어갈 수 있다.

④ '우리나라에서 서양식 나이 계산 방식과 전통적 나이 계산 방식을 함께 사용하는 것'은 B가 아닌 A의 사례이다.

⑤ '아메리카 원주민이 자신의 전통 언어를 상실하고 유럽의 언어를 사용하는 것'은 C가 아닌 B의 사례이다.

[24911-0126] ○ △ ✕

6 밑줄 친 ⊙~⊗에 대한 설명으로 옳은 것은?

갑: 우리가 벌써 사회생활을 시작한 지 1년이 넘었네. 요즘 ⊙회사 생활은 어때? 특별한 어려움은 없어?

을: 처음엔 힘들었지만 조금씩 적응하고 있어. 어제는 ⓒ가족 행사에 가서 1시간 동안 회사 얘기를 했어.

갑: 그렇구나. 나는 지금 회사에서 일하면서 마음이 맞는 회사 동료들과 매주 ⓒ사내 산악회 모임도 갖고 있는데, 굉장히 큰 위안이 되는 것 같아. 지금 무슨 팀에 속해 있어?

을: 현재 ⓔ영업팀 막내 사원이야. 상사 눈치가 조금 보이지만 저녁때 ⓜ야간 대학에서 원래 하고 싶었던 회계 공부도 조금씩 하고 있어.

갑: 계속 ⓗ회계사에 대한 미련을 버리지 못하고 있구나.

을: 그렇지. 언젠가 꼭 회계사의 꿈을 이루어 매년 한 번씩 모이는 ⊗대학교 총동창회에서 좋은 소식을 알리고 싶은 희망이 있어.

---

① ⓒ은 자발적 결사체이자 공식 조직에 해당한다.

② ⓗ은 을의 성취 지위이자 준거 집단에 해당한다.

③ ⊙은 ⓒ과 달리 선택 의지에 의해 형성된다.

④ ⓔ은 ⓜ과 달리 가입과 탈퇴가 자유롭다.

⑤ ⓒ, ⊗은 모두 비공식 조직에 해당한다.

[24911-0127] ○ △ ✕

7 다음 자료에 대한 설명으로 옳은 것은? (단, A, B는 각각 절대적 빈곤, 상대적 빈곤 중 하나임.)

교사: 빈곤의 유형 A, B에 대하여 발표해 보세요.

갑: A는 인간이 최소한의 생활을 유지하는 데 필요한 소득이 부족한 상태를 의미합니다.

을: (가)

교사: ⊙한 명만 옳게 발표했습니다.

---

① ⊙이 갑이면, A를 파악하기 위한 빈곤선은 시대와 사회에 상관없이 동일하다.

② ⊙이 을이면, B는 개인이 주관적으로 체감하는 빈곤 상태를 의미한다.

③ ⊙이 갑이면, (가)에는 'B는 해당 사회의 소득 분포를 고려하여 파악됩니다.'가 들어갈 수 있다.

④ ⊙이 을이면, (가)에는 'B는 주로 저개발국에서 두드러지게 나타납니다.'가 들어갈 수 없다.

⑤ (가)가 '우리나라에서는 A와 B 모두 객관화된 기준을 통해 파악합니다.'이면, A는 상대적 빈곤이다.

[24911-0128] 

8 밑줄 친 ㉠, ㉡에 대한 설명으로 옳은 것은?

갑국에서는 최근 이주 노동자들이 단체를 결성하여 매월 셋째 주 토요일마다 ㉠이주 노동자 임금 인상과 인권 신장을 위한 법 제정 운동을 활발하게 벌이고 있다. 그런데 이주 노동자가 유입되기 시작하면서 자국 국민들이 일자리를 위협받고 있다고 생각하는 사람들은 3년 전부터 단체를 결성하여 ㉡이주 노동자 유입을 금지하기 위한 법 제정 운동을 하고 있다.

① ㉠은 ㉡과 달리 사회 체제의 전면적인 변혁을 추구한다.
② ㉠은 ㉡과 달리 운동 참여자들의 경제적 이익을 중시한다.
③ ㉡은 ㉠과 달리 사회적 갈등을 유발할 수 있다.
④ ㉡은 ㉠과 달리 참여자들 간 공통의 신념이나 가치관을 바탕으로 한다.
⑤ ㉠과 ㉡은 모두 사회의 현 상태 유지가 아닌 변화를 추구한다.

[24911-0129] 

9 다음 자료에 대한 분석으로 옳은 것은? [3점]

표는 갑국의 성별 근로자 평균 임금 격차 지수와 성별 근로자 임원 비율 격차 지수를 나타낸 것이다. 단, 갑국의 남성 근로자 평균 임금은 1980년 대비 2000년에 20%, 2000년 대비 2020년에 25% 상승하였고, 매년 남성 근로자 수와 여성 근로자 수가 같으며, 남성 근로자 중 임원의 비율은 매년 10%로 일정하다.

구분	1980년	2000년	2020년
성별 근로자 평균 임금 격차 지수	30	25	20
성별 근로자 임원 비율 격차 지수	90	80	50

* 성별 근로자 평균 임금 격차 지수={(남성 근로자 평균 임금−여성 근로자 평균 임금)/남성 근로자 평균 임금}×100
** 성별 근로자 임원 비율 격차 지수={(남성 근로자 중 임원의 비율−여성 근로자 중 임원의 비율)/남성 근로자 중 임원의 비율}×100

① 여성 근로자 중 임원의 비율은 2000년이 1980년의 2배보다 크다.
② 1980년에 여성 근로자 평균 임금은 전체 근로자 평균 임금의 70%보다 작다.
③ 남성 근로자와 여성 근로자 간 평균 임금 차이는 2020년이 2000년보다 작다.
④ 2000년의 여성 근로자 평균 임금은 1980년의 남성 근로자 평균 임금보다 많다.
⑤ 1980년, 2000년과 달리 2020년에는 전체 임원 중 여성 임원의 비율이 30%보다 높다.

[24911-0130] 

10 다음 자료에 대한 분석으로 옳은 것은? [3점]

표는 갑국과 을국의 인구 관련 통계이다.

구분	갑국		을국	
	t년	t+80년	t년	t+80년
총인구 중 유소년 인구(0~14세 인구) 비율(%)	50	20	30	30
부양 인구(15~64세 인구) 대비 노인 인구(65세 이상 인구)	$\frac{2}{3}$	$\frac{1}{3}$	$\frac{3}{4}$	$\frac{4}{3}$

* 노령화 지수 = $\frac{\text{노인 인구}}{\text{유소년 인구}}$ × 100
** 전체 인구에서 노인 인구가 차지하는 비율이 7% 이상이면 고령화 사회, 14% 이상이면 고령 사회, 20% 이상이면 초고령 사회라고 함.

① t+80년에 노령화 지수는 갑국이 을국보다 작다.
② t+80년에 부양 인구 대비 유소년 인구는 갑국이 을국보다 크다.
③ 갑국의 경우 총인구 중 부양 인구 비율은 t년이 t+80년보다 높다.
④ 을국의 경우 총인구 중 노인 인구 비율은 t+80년이 t년의 2배를 넘는다.
⑤ t년과 t+80년을 비교했을 때 갑국은 고령 사회에서 초고령 사회로 변화하였고, 을국은 초고령 사회가 유지되었다.

14회 미니모의고사

EBS 수능특강 **Q** 미니모의고사 **사회 · 문화**

○ 알고 맞힘 　/10　△ 헷갈림 　/10　✕ 모르고 틀림 　/10

[24911-0131]　○ △ ✕

1 밑줄 친 ㉠~㉣과 같은 현상의 일반적인 특징에 대한 설명으로 옳은 것은?

> ㉠태풍이 북상함에 따라 우리나라 전 지역에서 바람과 비가 점차 거세지고 있다. 이에 따라 ㉡관련 당국이 사람들에게 외출을 자제하도록 요청하였고, 불가피하게 외출을 한 경우에는 날아다니는 물건을 조심해야 한다고 주의를 주었다. 또한 ㉢계곡 주변에서 야영을 하고 있는 사람들에게 ㉣비가 오면 빠르게 계곡물이 불어난다는 점을 고려하여 신속하게 안전한 곳으로 이동해 달라고 부탁하였다.

① ㉠과 같은 현상은 ㉡과 같은 현상과 달리 개연성으로 설명된다.

② ㉡과 같은 현상은 ㉢과 같은 현상과 달리 특수성을 지닌다.

③ ㉢과 같은 현상은 ㉣과 같은 현상과 달리 당위 규범을 반영하여 발생한다.

④ ㉣과 같은 현상은 ㉠과 같은 현상과 달리 존재 법칙으로 설명된다.

⑤ ㉠, ㉣과 같은 현상은 ㉡, ㉢과 같은 현상과 달리 인과 관계가 불명확하다.

[24911-0132]　○ △ ✕

2 사회 · 문화 현상을 바라보는 관점을 활용한 다음 게임에 대한 설명으로 옳지 <u>않은</u> 것은? [3점]

> 〈게임의 규칙〉
> - 상자 안에 총 7장의 카드가 있다. 카드마다 점수를 부여하는데, 각 카드의 내용이 기능론, 갈등론, 상징적 상호 작용론 중 하나에만 해당하면 1점, 두 개에만 해당하면 2점, 세 개 모두에 해당하면 3점을 부여한다.
> - 상자에서 갑과 을은 카드를 2장씩 뽑는다. 단, 한 번 뽑은 카드는 상자에 다시 넣지 않는다.
> - 각 카드의 점수를 곱한 점수가 높은 사람이 이긴다.
>
> | 〈카드 1〉 | 〈카드 2〉 | 〈카드 3〉 | 〈카드 4〉 |
> |---|---|---|---|
> | 사회의 각 부분이 상호 유기적인 관계에 있다고 본다. | 생활 세계에서 사회 구성원들이 부여하는 상황 정의에 주목한다. | 대립과 갈등을 사회 구조의 필연적 속성으로 본다. | 사회 질서와 안정을 위한 사회 제도의 역할을 중시한다. |
>
> | 〈카드 5〉 | 〈카드 6〉 | 〈카드 7〉 |
> |---|---|---|
> | 사회 문제의 발생 원인을 설명할 수 있다. | 개인의 행위를 구속하는 사회 구조에 초점을 맞춘다. | 사회 규범이 특정 집단의 합의에 의해 구성된다고 본다. |

① 카드 2장의 조합으로 얻을 수 있는 최소 점수는 1점이다.

② 카드 2장의 조합으로 얻을 수 있는 최대 점수는 6점이다.

③ 갈등론에 해당하는 내용이 있는 2장의 카드로 얻을 수 있는 최소 점수는 1점이다.

④ 갑이 〈카드 3〉, 〈카드 6〉을 뽑았다면, 을이 이길 수 있는 카드 조합은 3가지이다.

⑤ 상징적 상호 작용론에 해당하는 내용이 없는 카드로 얻을 수 있는 최대 점수는 2점이다.

---

3 밑줄 친 ㉠~㉮에 대한 설명으로 옳은 것은?

[24911-0133] O △ X

갑은 '㉠고등학생들의 학습에 대한 긴장 정도와 학업 성취도 간의 관계 연구'라는 주제로 ㉡A 지역 5개 고등학교의 학생 2,000명을 대상으로 ㉢교과 학습에 대한 부담 지수, 긴장 지수와 해당 학생의 내신 성적을 설문 조사를 통해 수집하였다. 반면, 을은 동일한 주제로 ㉣A 지역 2개 고등학교 학생 20명을 대상으로 3개월간 심층 면접을 실시하였다. 을은 ㉤전반적인 학교생활 및 교수–학습 실태, 학업 성취와 관련된 면담을 지속적으로 실시하였다. ㉮갑의 연구에서 도출한 결과와 을의 연구에서 도출한 결과는 서로 부합하지 않았다.

① ㉠은 종속 변수에 해당한다.
② ㉡은 모집단, ㉣은 표본이다.
③ ㉢은 개념의 조작적 정의를 통해 결정된 항목이다.
④ ㉤은 방법론적 일원론에 근거하고 있다.
⑤ ㉮으로 보아 독립 변수와 종속 변수 간에는 상관관계가 없다.

4 다음은 학생 갑과 을의 수행평가 내용을 나타낸다. 이에 대한 설명으로 옳은 것은? [3점]

[24911-0134] O △ X

※ 문제: 자료 수집 방법 A, B에 대한 질문에 대해 '예', '아니요'로 응답하시오. (단, 옳게 응답한 경우 하나당 1점, 틀리게 응답한 경우 하나당 0섬을 부여함.)

질문	갑의 응답	을의 응답
A는 B에 비해 수집된 자료의 통계적 처리가 용이합니까?	예	예
B는 A에 비해 자료의 실제성을 확보하기에 유리합니까?	예	아니요
A는 주로 질적 연구에서 활용됩니까?	예	(가)

* A, B는 각각 질문지법, 참여 관찰법 중 하나임.

〈교사의 평가〉
갑은 3가지 질문 중 2가지에 옳은 응답을 하여 2점을 획득하였고, 을은 3가지 질문 중 1가지에 옳은 응답을 하여 1점을 획득하였습니다.

① (가)에는 '아니요'가 적절하다.
② A는 B에 비해 시간과 비용 측면에서 비효율적이다.
③ B는 A에 비해 자료 수집 상황에서 연구자의 통제 정도가 낮다.
④ A는 B와 달리 경험적 자료의 수집에 적합하다.
⑤ B는 A와 달리 자료 수집 과정에서 언어적 상호 작용이 필수적이다.

5 다음 자료에 대한 설명으로 옳은 것은? [3점]

[24911-0135] O △ X

㉠○○ 기업에서 근무하는 갑은 건강을 위해 ㉡사내 볼링 동호회에 가입하였으며, 주말에는 동네 주민들이 모여 만든 ㉢△△ 아파트 등산 동호회에서 활동하고 있다. 그리고 환경 문제에 관심이 많아 몇 년 전부터 ㉣시민 단체에 가입하여 환경 보호 활동에 전념하고 있다.

교사: 질문을 통해 ㉠~㉣을 구분해 보겠습니다. 질문에 대한 응답은 '예'와 '아니요' 중 하나입니다. 먼저 ㉠~㉣ 중 질문 (가) 에 대한 응답은 모두 같고, 질문 (나) 에 대한 응답은 3개가 같습니다. 그리고 질문 (다) 에 대한 응답은 2개가 같습니다.

① (가)에는 '이익 사회에 해당하는가?'가 들어갈 수 없다.
② (나)에는 '공식 조직을 배경으로 해서 존재하는가?'가 들어갈 수 없다.
③ (나)에는 '구성원의 선택적 의지에 의해 형성된 집단인가?'가 들어갈 수 있다.
④ (다)에는 '공식적 수단에 의한 통제가 일반적인가?'가 들어갈 수 있다.
⑤ (다)에는 '공통의 이해관계나 관심을 가진 사람들이 자발적으로 만든 집단인가?'가 들어갈 수 있다.

[24911-0136] O △ X

6 밑줄 친 ㉠~㉤에 대한 설명으로 옳지 <u>않은</u> 것은?

㉠정령 신앙으로 유명한 아프리카의 갑국에서는 장례식에서 여러 사람이 관을 메고 춤을 추는 독특한 ㉡장례 문화가 있다. 이 나라에서는 사람이 죽은 후에 새로운 삶을 시작하는 것으로 여겨 죽음을 곧 새로운 시작으로 생각한다. 즉, 갑국에서 장례식은 죽음을 슬퍼하는 의식이 아니라 새로운 삶으로의 탄생을 축하하는 의식인 셈이다. ㉢다른 나라 사람들에게 장례식에서 관을 메고 춤을 추는 광경은 매우 낯설지만, ㉣갑국 사람들에게는 장례식이 흥겨운 축제의 장으로 인식되고 있다. 한편, 수십 킬로그램에 달하는 관을 어깨에 짊어지거나 들었다 내렸다 하는 것은 고난도의 동작이라서 잘 훈련된 댄서만이 해낼 수 있다고 한다. 실제 춤을 추다가 관이 기울어져서 떨어지는 사고도 있다. ㉤이 때문에 많은 청년들이 장례식 전문 댄서로 활동하면서 댄스를 체계적으로 가르치는 학원이 생기고, 댄서를 소개하는 사설 기관이 생기는 등의 변화가 나타나면서 실업 문제 해소에 기여하고 있다.

① ㉠은 비물질문화에 해당한다.
② ㉡에서의 문화는 '노인 문화'에서의 문화와 같이 넓은 의미의 문화에 해당한다.
③ ㉢은 문화의 공유성으로 설명할 수 없다.
④ ㉣을 통해 원활한 사회생활이 가능하게 하는 문화의 속성을 도출할 수 있다.
⑤ ㉤을 통해 문화의 각 요소들은 상호 유기적으로 연결되어 있음을 알 수 있다.

[24911-0137] O △ X

7 빈칸 ㉠, ㉡에 들어갈 내용으로 옳은 것만을 〈보기〉에서 있는 대로 고른 것은? [3점]

(가) 갑국과 을국 간의 전쟁에서 승리한 갑국이 가장 먼저 한 식민 정책은 갑국의 언어만을 사용하고 을국의 언어는 사용을 금지하는 것이었다. 강력한 처벌을 동반한 언어 사용 금지 정책을 시행하자 수십 년이 지난 현재 을국에서 을국 언어를 쓰는 사람을 찾아볼 수 없다.

(나) A국의 전통 종교가 A국 출신 선교사에 의해 B국에 전파되었다. A국의 전통 종교는 B국의 전통 종교와 큰 차이가 없어서 B국에서 별 문제없이 수용되었고 수십 년이 지난 지금 B국의 한 가정에서 A국의 전통 종교를 믿는 구성원과 B국의 전통 종교를 믿는 구성원을 찾는 것은 어렵지 않다.

─〈 보기 〉──
ㄱ. ㉠ – 자기 문화의 정체성을 유지하였는가?
ㄴ. ㉠ – 비교적 단기간에 문화 변동이 발생하였는가?
ㄷ. ㉡ – 외래문화가 원형 그대로 수용, 정착되었는가?
ㄹ. ㉡ – 외재적 요인에 의해 문화 변동이 발생하였는가?

① ㄱ, ㄴ　　　② ㄱ, ㄷ　　　③ ㄴ, ㄹ
④ ㄱ, ㄷ, ㄹ　　　⑤ ㄴ, ㄷ, ㄹ

[24911-0138] ○ △ ×

8 다음은 사회 변동 이론 A, B에 관한 질문에 대한 학생들의 답변과 교사의 채점 결과이다. 이에 대한 옳은 설명만을 〈보기〉에서 고른 것은? (단, A, B는 각각 순환론, 진화론 중 하나임.)

질문	답변	
	갑	을
A는 운명론적 관점을 바탕으로 사회 변동을 설명하는가?	예	아니요
B는 사회 변동을 발전과 동일시하는가?	아니요	예
A는 B와 달리 퇴보나 멸망을 경험한 문명을 설명하는 데 적합한가?	예	㉠
(가)	예	아니요
점수	3점	2점

*교사는 각 질문별로 채점하고, 답변 하나가 맞을 때마다 1점씩 부여함.

〈 보기 〉

ㄱ. A는 사회가 단순한 형태에서 복잡한 형태로 발전한다고 본다.
ㄴ. B는 서구 제국주의의 역사를 정당화하는 수단으로 악용될 수 있다는 비판을 받는다.
ㄷ. ㉠은 '아니요'이다.
ㄹ. (가)에는 'B는 A와 달리 사회가 일정한 방향성을 가지고 변동한다고 보는가?'가 들어갈 수 있다.

① ㄱ, ㄴ 　② ㄱ, ㄷ 　③ ㄴ, ㄷ
④ ㄴ, ㄹ 　⑤ ㄷ, ㄹ

[24911-0139] ○ △ ×

9 표는 학생 갑과 을의 수행 평가 답안에 대한 채점 결과이다. 이에 대한 옳은 설명만을 〈보기〉에서 있는 대로 고른 것은? (단, A, B는 각각 산업 사회와 정보 사회 중 하나임.)

기준 / 학생		갑	을
1번. 직업의 동질성 정도	1점	A<B	A>B
2번. 가정과 일터의 결합 정도	1점	A<B	A>B
3번. 소품종 대량 생산 방식의 비중	1점	A<B	A>B
4번.　(가)	1점	㉠	㉡
점수		1점	2점

〈 보기 〉

ㄱ. 갑은 2번 문제에 대해 옳게 답했다.
ㄴ. A는 B보다 구성원 간의 익명성 정도가 높다.
ㄷ. (가)가 '비대면 접촉 비중'이면, ㉠, ㉡은 모두 'A>B'이다.
ㄹ. (가)가 '관료제 조직의 비중'이면, ㉠, ㉡은 모두 'A<B'이다.

① ㄱ, ㄴ 　② ㄱ, ㄷ 　③ ㄴ, ㄹ
④ ㄱ, ㄷ, ㄹ 　⑤ ㄴ, ㄷ, ㄹ

[24911-0140] ○ △ ×

10 다음 자료에 대한 분석으로 옳은 것은? [3점]

표는 갑국과 을국의 인구 지표의 변동 양상을 나타낸 것이다. 단, 갑국과 을국 모두에서 1990년 대비 2020년에 15~64세 인구는 30% 증가하였다.

구분	갑국		을국	
	1990년	2020년	1990년	2020년
노령화 지수	40	75	50	140
총인구 중 15~64세 인구 비율(%)	65	65	64	64

*노령화 지수=(65세 이상 인구/0~14세 인구)×100
**총인구 중 65세 이상 인구 비율이 7% 이상인 사회를 고령화 사회, 14% 이상인 사회를 고령 사회, 20% 이상인 사회를 초고령 사회라고 함.

① 1990년에 총인구 중 0~14세 인구 비율은 을국이 갑국보다 높다.
② 1990년 대비 2020년에 갑국, 을국 모두에서 0~14세 인구가 감소하였다.
③ 갑국에서 15~64세 인구 1명당 65세 이상 인구는 2020년이 1990년의 1.5배이다.
④ 을국에서 2020년 총인구 중 0~14세 인구 비율은 1990년 총인구 중 65세 이상 인구 비율보다 낮다.
⑤ 1990년과 2020년을 비교할 때, 갑국은 고령화 사회에서 고령 사회로, 을국은 고령 사회에서 초고령 사회로 변동하였다.

사회탐구영역 | **사회·문화**

정답과 해설

01회 미니모의고사
본문 4~7쪽

1 ④	2 ⑤	3 ⑤	4 ②
5 ②	6 ②	7 ①	8 ①
9 ④	10 ④		

02회 미니모의고사
본문 8~11쪽

1 ②	2 ⑤	3 ⑤	4 ②
5 ④	6 ①	7 ③	8 ⑤
9 ④	10 ②		

03회 미니모의고사
본문 12~15쪽

1 ⑤	2 ①	3 ②	4 ⑤
5 ①	6 ②	7 ③	8 ④
9 ③	10 ⑤		

04회 미니모의고사
본문 16~19쪽

1 ④	2 ④	3 ②	4 ⑤
5 ④	6 ①	7 ③	8 ①
9 ②	10 ④		

05회 미니모의고사
본문 20~23쪽

1 ①	2 ③	3 ②	4 ⑤
5 ⑤	6 ④	7 ②	8 ④
9 ②	10 ③		

06회 미니모의고사
본문 24~27쪽

1 ②	2 ③	3 ③	4 ④
5 ②	6 ⑤	7 ②	8 ⑤
9 ①	10 ②		

07회 미니모의고사
본문 28~31쪽

1 ②	2 ⑤	3 ④	4 ③
5 ③	6 ②	7 ④	8 ③
9 ⑤	10 ⑤		

08회 미니모의고사
본문 32~35쪽

1 ④	2 ⑤	3 ⑤	4 ④
5 ④	6 ④	7 ③	8 ④
9 ④	10 ②		

09회 미니모의고사
본문 36~39쪽

1 ④	2 ⑤	3 ④	4 ②
5 ⑤	6 ①	7 ④	8 ⑤
9 ④	10 ④		

10회 미니모의고사
본문 40~43쪽

1 ④	2 ⑤	3 ④	4 ③
5 ⑤	6 ④	7 ④	8 ③
9 ⑤	10 ④		

11회 미니모의고사
본문 44~47쪽

1 ④	2 ④	3 ⑤	4 ⑤
5 ①	6 ③	7 ③	8 ③
9 ②	10 ⑤		

12회 미니모의고사
본문 48~51쪽

1 ①	2 ②	3 ①	4 ②
5 ⑤	6 ⑤	7 ③	8 ②
9 ②	10 ⑤		

13회 미니모의고사
본문 52~55쪽

1 ③	2 ②	3 ⑤	4 ⑤
5 ①	6 ⑤	7 ⑤	8 ⑤
9 ⑤	10 ①		

14회 미니모의고사
본문 56~59쪽

1 ②	2 ④	3 ③	4 ③
5 ④	6 ③	7 ④	8 ④
9 ④	10 ③		

01회 미니모의고사

본문 4~7쪽

1 ④	2 ⑤	3 ⑤	4 ②
5 ②	6 ②	7 ①	8 ①
9 ④	10 ④		

1 사회·문화 현상과 자연 현상의 이해

문제분석 ㉠, ㉡과 같은 현상은 사회·문화 현상, ㉢, ㉣과 같은 현상은 자연 현상에 해당한다.

정답찾기 ④ 사회·문화 현상은 보편성과 함께 특수성이 나타나며, 자연 현상은 보편성만 나타난다.

오답피하기 ① 사회·문화 현상은 가치 함축적이고, 자연 현상은 몰가치적이다.

② 사회·문화 현상은 개연성의 원리가 적용되고, 자연 현상은 필연성의 원리가 적용된다.

③ 자연 현상은 확실성의 원리가 적용되고, 사회·문화 현상은 확률의 원리가 적용된다.

⑤ 자연 현상은 존재 법칙을 따르고, 사회·문화 현상은 당위 규범이 반영되어 나타난다.

2 사회·문화 현상을 바라보는 관점의 이해

문제분석 A는 기능론, B는 상징적 상호 작용론, C는 갈등론이다.

정답찾기 ⑤ 기능론은 사회가 유기체와 같은 특성을 갖는다고 본다. 상징적 상호 작용론은 인간이 자율성을 갖는 능동적 존재임을 강조한다. 기능론은 갈등론과 달리 사회 문제를 병리적 현상으로 본다. 기능론과 갈등론은 상징적 상호 작용론과 달리 거시적 측면에서 사회·문화 현상을 설명한다.

3 양적 연구의 분석

문제분석 갑과 을은 모두 양적 연구를 수행하였다.

정답찾기 ㄷ. '최근 1년 이내 기부 참여 여부'는 '도덕적으로 옳다고 생각하는 행동을 일상생활에서 실천하는지 여부'에 대한 조작적 정의이며, '주관적 삶의 만족도 지수'는 '행복한 삶'에 대한 조작적 정의이다. 따라서 ㉡과 ㉢은 모두 갑의 연구에서 변인에 대한 조작적 정의이다. 을은 '성별과 행복한 삶'의 관계를 파악하려고 하였으므로 ㉢은 을의 연구에서 변인에 대한 조작적 정의이다.

ㄹ. 연구 대상 중 여성의 주관적 삶의 만족도 지수가 '높음'인 비율은 44%{= (440/1,000)×100}, 남성의 주관적 삶의 만족도 지수가 '높음'인 비율은 52%{= (260/500)×100}이다. 을이 설정한 가설이 '남성이 여성에 비해 행복한 삶을 살 가능성이 높을 것이다.'라면, 가설은 수용된다.

오답피하기 ㄱ. 갑과 을은 모두 양적 연구를 수행하였다. 따라서 갑과 을의 연구는 모두 방법론적 일원론에 기초한 연구이다.

ㄴ. 연구 대상 중 기부 참여 집단에서 주관적 삶의 만족도 지수가 '높음'인 비율은 약 58%{= (350/600)×100}, 기부 미참여 집

단에서 주관적 삶의 만족도 지수가 '높음'인 비율은 약 39%{= (350/900)×100}이다. 따라서 ㉠은 기각되었다고 볼 수 없다.

4 순환론과 진화론의 이해

문제분석 A는 진화론, B는 순환론이다.

정답찾기 ㄱ. 갑은 옳게 설명했으므로 (가)에는 진화론에만 해당하는 내용이 들어가야 한다. 서구 중심적이라는 비판을 받는 이론은 진화론이다.

ㄷ. 을은 틀리게 설명했으므로 (나)에는 순환론에만 해당하는 내용이 들어가야 한다. 사회의 퇴보나 멸망을 설명하기 어려운 이론은 진화론이다.

오답피하기 ㄴ. 미래 사회의 변동을 예측하여 대응하는 데 적합하지 않은 이론은 순환론이다.

ㄹ. 운명론적 관점에서 사회 변동을 이해하는 이론은 순환론이다.

5 개인과 사회의 관계를 바라보는 관점의 이해

문제분석 을과 병이 B에 대해 서로 다른 설명을 하고 있으므로 둘 중 한 명은 틀리게 발표하였다. 즉, 갑의 발표는 옳은 진술이다. 따라서 A는 사회 실재론, B는 사회 명목론이며, 갑, 을, 정의 발표 내용은 옳고, 병의 발표 내용은 옳지 않다.

정답찾기 ② 사회를 개인으로 환원하여 설명할 수 없다고 보는 관점은 사회 실재론이다.

오답피하기 ① 사회 실재론은 사회가 개인의 외부에 독자적으로 작동한다고 본다.

③ 사회에 대한 개인의 불가항력성을 강조하는 관점은 사회 실재론이다.

④ 사회 문제의 원인을 사회 제도나 구조가 아닌 개인의 의식과 행동에서 찾는 관점은 사회 명목론이다.

⑤ (가)에는 옳은 내용이 들어가야 한다. 사회 실재론은 사회가 개인의 총합 이상이라고 본다. 따라서 해당 내용은 (가)에 들어갈 수 있다.

6 일탈 이론의 이해

문제분석 ㉠에 따라 A~C에 해당하는 일탈 이론을 나타내면 다음과 같다.

	A	B	C
갑과 을	차별 교제 이론	낙인 이론	머튼의 아노미 이론
갑과 병	머튼의 아노미 이론	낙인 이론	차별 교제 이론
을과 병	낙인 이론	차별 교제 이론	머튼의 아노미 이론

정답찾기 ㄱ. A가 차별 교제 이론이 되기 위해서는 ㉠이 갑과 을이어야 한다. 따라서 A가 차별 교제 이론이면, B는 낙인 이론이다. 낙인 이론은 일탈 행동을 규정하는 객관적인 기준이 없다고 본다.

ㄹ. ㉠이 을과 병이면, A는 낙인 이론이므로 (가)에는 낙인 이론에 해당하는 내용이 들어가야 한다. 부정적 자아가 형성되어 일탈 행동이 반복된다고 보는 이론은 낙인 이론이다. 따라서 해당 내용은 (가)에 들어갈 수 있다.

 ㄴ. ㉠이 갑과 을이면, B는 낙인 이론, C는 머튼의 아노미 이론이다. 사회 구조적 차원에서 일탈 행동을 설명하는 이론은 머튼의 아노미 이론이다.

ㄷ. ㉠이 갑과 병이면, B는 낙인 이론, C는 차별 교제 이론이다. 차별적 제재를 일탈의 원인으로 보는 이론은 낙인 이론이다.

7 문화 변동의 이해

 갑국에서 갑국 지도자에 의해 을국 선교사가 와서 전한 을국 전통 종교가 갑국 전통 종교를 대체하게 된 사례는 자발적 문화 접변, 직접 전파, 문화 동화에 해당한다. 을국 지도자에 의해 을국 전통 종교가 이식된 병국의 사례는 강제적 문화 접변, 직접 전파, 문화 동화에 해당한다. 정국 지도자가 을국의 전통 종교 선교 활동을 강력하게 규제한 사례는 새로운 문화에 대한 거부에 해당한다.

 ① 갑국에서 갑국 지도자 A에 의해 을국 전통 종교가 유입되어 갑국 전통 종교를 대체하게 되었으므로 자발적 문화 접변에 의해 문화 동화가 나타나 자문화의 정체성이 상실되었다.

 ② 제시문을 통해 을국에서 문화 병존이 나타났는지는 파악할 수 없다.

③ 병국에서는 을국 지도자 B의 임명을 받은 총독에 의해 을국의 전통 종교가 이식된 문화 동화가 나타났다.

④ 정국에서는 새로운 문화에 대한 거부가 나타났다. 그러나 제시문에는 문화 충격, 아노미가 나타나 있지 않다.

⑤ 정국에서는 새로운 문화에 대한 거부로 인해 외재적 요인에 의한 문화 변동이 나타나지 않았다.

8 세대 간 이동의 분석

 제시된 자료를 바탕으로 부모 세대와 자녀 세대의 계층 구성을 나타내면 다음과 같다.

(단위: %)

구분		부모 세대 계층			계
		상층	중층	하층	
자녀 세대 계층	상층	9	5	2	16
	중층	5	28	27	60
	하층	1	2	21	24
계		15	35	50	100

 ㄱ. ㉠은 7, ㉡은 0, ㉢은 0, ㉣은 3이다. 따라서 ㉠과 ㉢의 합이 ㉡과 ㉣의 합보다 크다.

ㄴ. 부모 세대 각 계층 중 자녀 세대로의 계층 대물림 비율은 상층이 $(9/15) \times 100$, 중층이 $(28/35) \times 100$, 하층이 $(21/50) \times 100$이므로, 중층이 가장 높다.

 ㄷ. 부모가 중층에 해당하는 자녀가 35명이라면, 그들 중 세대 간 상승 이동한 자녀는 5명, 하강 이동한 자녀는 2명이다.

ㄹ. 상층에서 하층으로 세대 간 이동한 자녀가 1명이라면, 하층에서 상층으로 세대 간 이동한 자녀는 2명이다.

9 사회 집단과 사회 조직의 이해

 '공식 조직에 해당하는가?'라는 질문에 대한 가족과 사내 동호회의 응답은 '아니요', 회사의 응답은 '예'이므로 C는 회사이다. '본질 의지에 의해 자연스럽게 형성되는가?'라는 질문에 대한 가족의 응답은 '예', 회사와 사내 동호회의 응답은 '아니요'이므로 A는 가족이다. 따라서 B는 사내 동호회이다.

 ④ 회사는 2차 집단이자 이익 사회에 해당한다.

 ① ㉠과 ㉡은 모두 '아니요'이다.

② 간접적인 접촉이 중심이 되는 사회 집단은 2차 집단이다. 가족은 1차 집단에 해당한다.

③ 사내 동호회는 자발적 결사체이자 이익 사회에 해당한다.

⑤ 가족은 1차 집단, 회사는 2차 집단에 해당한다. 따라서 해당 질문은 (가)에 들어갈 수 없다.

10 인구 구성의 분석

 t년의 총부양비가 300이므로 t년에 전체 인구 중 $15 \sim 64$세 인구 비율은 25%이고, $t+50$의 총부양비가 100이므로 $t+50$년에 전체 인구 중 $15 \sim 64$세 인구 비율은 50%이다. t년에 전체 인구 중 $0 \sim 14$세 인구가 차지하는 비율을 $2a$라고 하면, t년에 전체 인구 중 65세 이상 인구가 차지하는 비율은 a이다. $25+2a+a=100$이므로 $a=25$이다. t년에 전체 인구 중 65세 이상 인구 비율은 25%이므로 $t+50$년에 전체 인구 중 65세 이상 인구 비율은 30%이다. t년과 $t+50$년의 연령대별 인구 비율은 다음과 같다.

(단위: %)

구분	t년	$t+50$년
$0 \sim 14$세 인구	50	20
$15 \sim 64$세 인구	25	50
65세 이상 인구	25	30

t년과 $t+50$년에 $15 \sim 64$세 인구가 동일하므로 $15 \sim 64$세 인구를 100명이라고 가정하면 t년과 $t+50$년의 연령대별 인구는 다음과 같다.

(단위: 명)

구분	t년	$t+50$년
$0 \sim 14$세 인구	200	40
$15 \sim 64$세 인구	100	100
65세 이상 인구	100	60

 ㄱ. $t+50$년에 노령화 지수는 $150\{=(60/40) \times 100\}$, t년에 노령화 지수는 $50\{=(100/200) \times 100\}$이므로 $t+50$년 노령화 지수는 t년 노령화 지수의 3배이다.

ㄷ. 전체 인구는 t년이 400명, $t+50$년이 200명이므로 t년 대비 $t+50$년에 전체 인구는 50% 감소하였다.

ㄹ. t년 대비 $t+50$년에 $0 \sim 14$세 인구 감소율은 $80\%\{=(160/200) \times 100\}$, 65세 이상 인구 감소율은 $40\%\{=(40/100) \times 100\}$이다. 따라서 t년 대비 $t+50$년에 $0 \sim 14$세 인구 감소율은 65세 이상 인구 감소율의 2배이다.

 ㄴ. $t+50$년에 유소년 부양비는 $40\{=(40/100) \times 100\}$, t년에 유소년 부양비는 $200\{=(200/100) \times 100\}$이다. 따라서 $t+50$년 유소년 부양비는 t년 유소년 부양비의 1/5배이다.

02회 미니모의고사

1 ②	2 ⑤	3 ⑤	4 ②
5 ④	6 ①	7 ③	8 ⑤
9 ④	10 ②		

1 사회 명목론과 사회 실재론의 이해

문제분석 (가)는 사회 명목론, (나)는 사회 실재론이다.

정답찾기 ㄱ. 사회 명목론은 개인을 능동적인 상호 작용을 통해 사회의 모습을 만들어 가는 주체로 본다.

ㄹ. 사회 명목론은 사회보다 개인이 우월한 가치를 갖는다고 보고, 사회 실재론은 개인보다 사회가 우월한 가치를 갖는다고 본다.

오답피하기 ㄴ. 사회의 특성이 개개인의 특성으로 고스란히 환원된다고 보는 관점은 사회 명목론이다.

ㄷ. 개인이 사회에 의해 구조화된 행동을 한다고 보는 관점은 사회 실재론이다.

2 사회·문화 현상을 바라보는 관점의 이해

문제분석 개인의 상황 정의를 중시하는 것은 상징적 상호 작용론에만 해당하는 내용이므로 1점이고, 사회 질서가 유지되는 이유를 설명할 수 있는 것은 세 관점의 공통 내용이므로 3점이다. 개인의 행위보다 사회 구조를 강조하는 것은 기능론과 갈등론의 공통 내용이므로 2점이고, 대립과 갈등을 사회의 본질적 속성으로 보는 것은 갈등론에만 해당하는 내용이므로 1점이다. 사회·문화 현상을 거시적 관점에서 이해하는 것은 기능론과 갈등론의 공통 내용이므로 2점이고, 사회가 유기체와 유사한 특성을 지닌다고 보는 것은 기능론에만 해당하는 내용이므로 1점이다.

정답찾기 ⑤ 갑이 2점을 얻기 위해서는 갑은 을로부터 '대립과 갈등을 사회의 본질적 속성으로 본다.'가 적힌 카드를 가져오고 '개인의 상황 정의를 중시한다.'가 적힌 카드가 남아 있어야 한다. 을이 3점을 얻기 위해서는 을에게 남아 있는 카드의 내용이 '개인의 행위보다 사회 구조를 강조한다.'이므로 병으로부터 '사회는 유기체와 유사한 특성을 지닌다고 본다.'가 적힌 카드를 가져와야 한다. 따라서 병에게 남아 있는 카드의 내용은 '사회·문화 현상을 거시적 관점에서 이해한다.'이고, 병이 갑으로부터 가져오는 카드에 적힌 내용은 '사회 질서가 유지되는 이유를 설명할 수 있다.'이므로 병은 5점을 얻는다.

오답피하기 ① ㉠이 행해졌을 때 을이 배부받은 카드의 점수 합은 3점이다.

② ㉠이 행해졌을 때 병에게는 '사회·문화 현상을 거시적 관점에서 이해한다.'라는 갈등론에 해당하는 내용이 적힌 카드가 있었다.

③ ㉡ 이후 갑의 점수가 2점이므로 갑이 을로부터 가져온 카드에 적힌 내용은 '대립과 갈등을 사회의 본질적 속성으로 본다.'이다. 따라서 갈등론에만 해당하는 내용이 적힌 카드를 가져왔다.

④ ㉡이 행해진 후 을이 병으로부터 가져온 카드에 적힌 '사회는 유기체와 유사한 특성을 지닌다고 본다.'는 기능론에만 해당한다.

3 양적 연구의 분석

문제분석 제시된 연구는 또래 멘토링 프로그램이 고등학생들의 학습 동기와 사회성 발달에 미치는 영향을 파악하기 위한 양적 연구이다.

정답찾기 ㄴ. 또래 멘토링 프로그램은 독립 변인, 학습 동기와 사회성 발달은 종속 변인이다.

ㄷ. 학습 동기와 사회성 발달을 측정할 수 있는 검사지를 개발하였으므로 종속 변인에 대한 개념의 조작적 정의가 이루어졌다.

ㄹ. 학습 동기 점수의 경우 실험 집단과 통제 집단이 사전 검사에서는 별 차이가 없었지만, 사후 검사에서는 실험 집단인 A 집단의 점수가 통제 집단인 B 집단보다 높게 나타났으며, 이는 통계적으로 유의미하였으므로 연구 가설 1은 수용되었다. 연구 가설 중 하나만 수용되었으므로 연구 가설 2는 기각되었다. 따라서 '또래 멘토링 프로그램은 고등학생들의 사회성 발달을 촉진시킬 것이다.'는 (가)에 들어갈 수 있고, 이 가설은 기각되었다.

오답피하기 ㄱ. ㉠은 모집단, ㉡은 표본이다. 실험 집단은 또래 멘토링 프로그램을 6개월간 실시한 A 집단이다.

4 사회학적 개념의 이해

문제분석 갑의 상황에 대해 사회학적 개념을 적용할 수 있다.

정답찾기 ② 초등학교는 공식적 사회화 기관, 지방 법원은 2차적 사회화 기관에 해당한다.

오답피하기 ① 첫째 딸은 귀속 지위, 아내와 재판장은 성취 지위에 해당한다.

③ 배심원 후보자는 검사, 변호인과의 질의·응답 이전에 획득한 지위이므로 검사, 변호인에 의한 재사회화 과정을 통해 획득한 지위라고 볼 수 없다.

④ Ⓐ은 갑의 역할 갈등에 해당하지 않는다.

⑤ Ⓧ은 재판장의 역할 행동이다.

5 사회·문화 현상과 자연 현상의 이해

문제분석 ㉠과 같은 현상은 자연 현상, ㉡, ㉢과 같은 현상은 사회·문화 현상에 해당한다.

정답찾기 ④ 자연 환경에 적응하기 위한 인간의 활동이 나타나듯이 자연 현상이 영향을 미쳐 사회·문화 현상이 나타나기도 한다.

오답피하기 ① 자연 현상은 확실성의 원리가 작용한다.

② 사회·문화 현상은 가치 함축성을 지닌다.

③ 존재 법칙의 지배를 받는 것은 자연 현상이다.

⑤ 자연 현상은 사회·문화 현상에 비해 인과 관계가 분명하다.

6 문화의 속성 이해

문제분석 갑이 제시한 사례는 공유성이 부각된 사례이므로 A는 공유성이다. 을이 제시한 사례는 학습성이 부각된 사례이므로 B는 학습성이다. 병이 제시한 사례는 전체성이 부각된 사례이고, 이는 적절한 사례가 아니므로 C는 변동성이다. 따라서 D는 전체성이고, (가)에는 전체성이 부각된 사례가 들어가야 한다.

정답찾기 ① A는 공유성이다. 한 사회 구성원들이 동일한 문화를 공유하고 있기 때문에 효율적으로 의사소통을 할 수 있다.

 ② B는 학습성이다. 문화가 시간이 흐르면서 그 형태나 의미가 지속적으로 변화하는 생활 양식임을 의미하는 속성은 변동성이다.

③ 문화의 각 부분이 유기적으로 관련을 맺고 있음을 의미하는 속성은 전체성이다.

④ 자녀 세대가 부모 세대와 동일한 문화를 향유하게 되는 이유를 설명하는 데에는 학습성이 적합하다.

⑤ '우리나라에 과거와 달리 화장을 하는 남자들이 늘고 있습니다.'는 변동성이 부각된 사례이다. 따라서 해당 내용은 (가)에 들어갈 수 없다.

7 빈곤 문제의 분석

 2000년에 전체 가구 수를 1,000가구라고 가정하여 제시된 자료를 바탕으로 연도별 전체 가구 수, 빈곤 가구 수, 비빈곤 가구 수, 빈곤 탈출 가구 수를 나타내면 다음과 같다.

(단위: 가구)

구분	2000년	2010년	2020년
전체 가구 수	1,000	1,200	1,500
빈곤 가구 수	200	240	300
비빈곤 가구 수	800	960	1,200
빈곤 탈출 가구 수		80	72

 ㄴ. 10년 전 대비 빈곤 가구 증가율은 2010년이 20% $\{=(40/200)\times100\}$, 2020년이 25%$\{=(60/240)\times100\}$이다.

ㄷ. 비빈곤 가구 중 빈곤 탈출 가구 비율은 2010년이 $(80/960)\times100$, 2020년이 $(72/1,200)\times100$으로 2010년이 2020년보다 크다.

 ㄱ. 2000년 대비 2020년에 전체 가구 증가율은 50%이다.

ㄹ. 2000년 빈곤 가구(200가구) 중 2010년에 80가구는 빈곤 탈출 가구이고, 120가구는 여전히 빈곤 가구이므로 2010년 빈곤 가구 중 10년 전에도 빈곤 가구인 가구의 비율은 $(120/240)\times100$이다. 2010년 빈곤 가구(240가구) 중 2020년에 72가구는 빈곤 탈출 가구이고, 168가구는 여전히 빈곤 가구이므로 2020년 빈곤 가구 중 10년 전에도 빈곤 가구인 가구의 비율은 $(168/300)\times100$이다. 따라서 2010년과 달리 2020년에는 빈곤 가구 중 10년 전에도 빈곤 가구인 가구가 50%를 넘는다.

8 사회 운동의 이해

 ㉠과 ㉡은 모두 사회 운동에 해당한다.

 ⑤ ㉠과 ㉡은 모두 사회 운동으로, 뚜렷한 목표와 체계적 행동 계획을 바탕으로 한 다수의 행동에 해당한다.

 ① 사회 운동은 조직적이고 체계적인 행동으로, 뚜렷한 목표와 구체적인 활동 방법 및 계획이 있다.

② ㉡은 과거의 전통적인 사회 유형으로 되돌아가려는 사회 운동에 해당하지 않는다.

③ ㉠과 ㉡은 모두 행동을 정당화하는 이념을 가지고 있다.

④ ㉠과 ㉡은 모두 사회가 안고 있는 문제점을 드러내는 데 기여할 수 있다.

9 인구 구조의 분석

 t년에 15~64세 인구를 100명이라고 가정하여 제시된 자료를 바탕으로 t년과 t+50년의 인구 구성을 나타내면 다음과 같다.

(단위: 명)

구분	t년	t+50년
0~14세 인구	125	50
15~64세 인구	100	200
65세 이상 인구	75	250
총인구	300	500

 ④ t+50년 65세 이상 인구(250명)는 t년 0~14세 인구(125명)의 2배이다.

 ① t년에 65세 이상 인구(75명)는 전체 인구(300명)의 25%이다.

② t+50년에 0~14세 인구(50명)는 15~64세 인구(200명)의 1/4배이다.

③ 0~14세 인구는 t년이 125명, t+50년이 50명이므로 t년 대비 t+50년에 0~14세 인구는 60% 감소하였다.

⑤ t년의 총부양비는 200[$=\{(125+75)/100\}\times100$]이고, t+50년의 총부양비는 150[$=\{(50+250)/200\}\times100$]이다.

10 사회 보장 제도의 분석

 (가)는 사회 보험인 국민연금 제도, (나)는 공공 부조인 기초 연금 제도이다. 〈자료 2〉를 바탕으로 갑국의 65세 이상 인구 중 (가), (나) 수급자 비율을 나타내면 다음과 같다.

〈갑국의 65세 이상 남성 중 (가), (나) 수급자 비율〉 (단위: %)

구분		(가)		계
		수급함	수급하지 않음	
(나)	수급함	8	20	28
	수급하지 않음	40	32	72
계		48	52	100

〈갑국의 65세 이상 여성 중 (가), (나) 수급자 비율〉 (단위: %)

구분		(가)		계
		수급함	수급하지 않음	
(나)	수급함	14	20	34
	수급하지 않음	40	26	66
계		54	46	100

 ㄱ. 65세 이상 인구 중 (가)의 전체 수급자 비율에서 남성 수급자 비율을 뺀 값의 절댓값(4%p)이 (가)의 전체 수급자 비율에서 여성 수급자 비율을 뺀 값의 절댓값(2%p)의 2배이므로 65세 이상 여성 수는 65세 이상 남성 수의 2배이다.

ㄹ. 65세 이상 남성 수를 100명이라고 가정하면, (가), (나) 중 어느 제도의 수급자도 아닌 65세 이상 남성 수(32명)는 (가)와 (나)의 중복 수급자인 65세 이상 남성 수(8명)의 4배이다.

 ㄴ. 사후 처방적 성격이 강한 제도인 (나)의 수급자 수는 전체 65세 이상 인구의 32%이다.

ㄷ. 65세 이상 남성 수를 100명, 65세 이상 여성 수를 200명이라고 가정하면, 보편적 복지 이념에 기초한 제도인 (가)만 수급하는 65세 이상 남성 수는 40명이고, 65세 이상 여성 수는 80명이다.

03회 미니모의고사

1	⑤	2	①	3	②	4	⑤
5	①	6	②	7	③	8	④
9	③	10	⑤				

1 사회·문화 현상과 자연 현상의 이해

문제분석 ㉠, ㉢과 같은 현상은 사회·문화 현상, ㉡과 같은 현상은 자연 현상에 해당한다.

정답찾기 ⑤ 사회·문화 현상은 동일한 조건에서도 다른 결과가 나타날 수 있다. 자연 현상과 사회·문화 현상은 모두 과학적 탐구가 가능하다. 사회·문화 현상은 자연 현상과 달리 가치 함축적이다. 자연 현상과 사회·문화 현상은 모두 인간의 생활에 영향을 미칠 수 있다.

2 양적 연구의 분석

문제분석 제시된 연구는 어린 자녀가 있는 맞벌이 가구 여성의 경제 활동이 보육 시설 이용에 미치는 영향을 알아보기 위한 양적 연구이다.

정답찾기 ㄱ. 고소득자 여성과 저소득자 여성 각각 300명이 설문 조사에 응답하였으며, 표를 분석해 보면 가구 소득 중 여성의 소득 비율이 높은 응답자가 낮은 응답자의 2배이다. 자료 분석 결과를 바탕으로 응답자 수를 나타내면 다음과 같다.

(단위: 명)

소득 수준 / 어린이집 이용 여부 / 가구 소득 중 여성의 소득 비율	고소득자 여성		저소득자 여성	
	이용함	이용하지 않음	이용함	이용하지 않음
높음	160	40	120	80
낮음	65	35	45	55
전체	225	75	165	135

고소득자 여성 중 어린이집을 이용하는 여성의 비율은 75% {=(225/300)×100}, 저소득자 여성 중 어린이집을 이용하는 여성의 비율은 55%{=(165/300)×100}이므로 ㉠은 수용된다. 가구 소득 중 여성의 소득 비율이 높은 가구의 여성이 어린이집을 이용하는 비율은 70%{=(280/400)×100}, 가구 소득 중 여성의 소득 비율이 낮은 가구의 여성이 어린이집을 이용하는 비율은 55%{=(110/200)×100}이므로 ㉡은 수용된다.

ㄷ. ㉣은 종속 변인을 조작적으로 정의한 것이다.

오답피하기 ㄴ. 특정 지역에서 표본을 추출하였으므로 표본의 대표성이 확보되었다고 보기 어렵다.

ㄹ. 제시된 연구는 질문지법을 활용하였다. 실험 집단과 통제 집단은 실험법에 적용되는 개념이다.

3 자료 수집 방법의 이해

문제분석 ㉠에 따라 A~C에 해당하는 자료 수집 방법을 나타내

면 다음과 같다.

㉠	A	B	C
갑과 을	면접법	질문지법	참여 관찰법
갑과 병	참여 관찰법	질문지법	면접법
을과 병	질문지법	면접법	참여 관찰법

정답찾기 ㄱ. ㉠이 갑과 을일 때 A가 면접법, C는 참여 관찰법이다. 참여 관찰법은 자료의 실제성을 확보할 수 있는 방법이다.

ㄹ. ㉠이 을과 병이면, (가)에는 참여 관찰법과 구분되는 질문지법의 특징이 들어가야 한다. 질문지법은 참여 관찰법과 달리 구조화된 도구인 질문지를 사용하여 자료를 수집한다. 따라서 해당 내용은 (가)에 들어갈 수 있다.

오답피하기 ㄴ. ㉠이 갑과 을이면, A는 면접법, B는 질문지법이다. 질문지법은 면접법보다 다수를 대상으로 대량의 자료를 수집하는 데 유리하다.

ㄷ. ㉠이 갑과 병이면, B는 질문지법, C는 면접법이다. 질문지법과 면접법은 모두 연구 대상자와의 언어적 상호 작용이 필수적이다.

4 사회 보장 제도의 분석

문제분석 (가)는 사회 보험, (나)는 공공 부조이다. A, B 지역 인구는 각각 C 지역 인구의 50%이므로 A 지역 인구와 B 지역 인구를 각각 100명, C 지역 인구를 200명이라고 가정하여 제시된 자료를 바탕으로 지역별 (가), (나) 수급자 수를 나타내면 다음과 같다.

(단위: 명)

구분		A 지역	B 지역	C 지역	전체
인구		100	100	200	400
수급자 수	(가)	14	10	32	56
	(나)	4	6	6	16

정답찾기 ㄴ. 수익자 부담 원칙을 적용하지 않는 제도인 (나)의 경우, C 지역 수급자 수(6명)는 A 지역 수급자 수(4명)의 1.5배이다.

ㄷ. 사전 예방적 성격이 강한 제도인 (가)의 수급자 비율 대비 사후 처방적 성격이 강한 제도인 (나)의 수급자 비율은 B 지역(6/10)이 A 지역(4/14)보다 크다.

ㄹ. 대상자 선정에 따른 부정적 낙인이 발생할 수 있는 제도인 (나)의 경우, B 지역 수급자 수(6명)와 C 지역 수급자 수(6명)는 같다.

오답피하기 ㄱ. A 지역의 (가) 수급자 수는 14명이므로 ㉠은 14{=(14/100)×100}이다. C 지역의 (나) 수급자 수는 6명이므로 ㉡은 3{=(6/200)×100}이다.

5 사회 집단과 사회 조직의 이해

문제분석 A는 자발적 결사체, B는 공식 조직, C는 비공식 조직이다. 자발적 결사체에 해당하는 것은 병원 내 밴드와 □□ 시민 단체, 공식 조직에 해당하는 것은 ○○ 종합 병원 정형외과와 □□ 시민 단체, 비공식 조직에 해당하는 것은 병원 내 밴드이다.

정답찾기 ㄱ. 갑이 속한 병원 내 밴드는 자발적 결사체이다.

ㄴ. 갑은 자신이 속한 공식 조직인 ○○ 종합 병원 정형외과에서 애정과 열정을 다해 일하고 있으므로 갑이 속한 B는 갑의 내집단이다.

[오답피하기] ㄷ. 갑이 속한 비공식 조직인 병원 내 밴드는 이익 사회에 해당한다.

ㄹ. □□ 시민 단체와 ○○ 종합 병원 정형외과는 모두 공식 조직에 해당한다.

6 문화 변동의 요인 및 양상의 이해

[문제분석] A는 문화 융합, B는 문화 병존, C는 문화 동화이다.

[정답찾기] ㄱ. '자기 문화의 정체성이 유지되는가?'에 대한 문화 융합의 응답은 '예'이고, '새로운 문화가 형성되는가?'에 대한 문화 병존의 응답은 '아니요'이다.

ㄷ. 갑국에서는 두 국가 간의 직접적인 접촉 과정에서 이웃 국가의 상인들에 의해 이웃 국가의 음식 문화가 전파되었으므로 직접 전파에 의한 문화 변동이 나타났다. 을국에서는 책이라는 매개체에 의해 음식 문화가 전파되었으므로 간접 전파에 의한 문화 변동이 나타났다. 병국에서는 이웃 국가에 유학 간 사람들이 현지 사람들로부터 배운 음식 문화를 들여옴으로써 이웃 국가의 음식 문화가 전파되었으므로 직접 전파에 의한 문화 변동이 나타났다.

[오답피하기] ㄴ. 유럽 국가의 식민지 지배를 받은 국가에서 자신들의 언어가 사라지고 유럽 언어를 사용하게 된 것은 문화 동화의 사례이다.

ㄹ. 갑국에서는 문화 동화, 을국에서는 문화 융합, 병국에서는 문화 병존이 나타났다.

7 계층 구조의 이해

[문제분석] A는 하층, B는 상층, C는 중층이고, 부모 세대의 계층 구조는 다이아몬드형, 자녀 세대의 계층 구조는 피라미드형이다.

[정답찾기] ③ 중층 비율 대비 하층 비율의 비(比)는 자녀 세대가 2, 부모 세대가 2/5로, 자녀 세대가 부모 세대의 5배이다.

[오답피하기] ① 하층으로의 하강 이동은 가능하지만 상승 이동은 불가능하다.

② 상층에서 중층으로의 이동은 하강 이동에 해당한다.

④ 부모와 자녀가 모두 하층인 경우는 최대 20%이다. 따라서 전체 자녀 중 최소 40%가 세대 간 하강 이동을 하였다. 상층인 자녀의 부모가 모두 중층이고, 하층인 부모의 자녀가 모두 중층인 경우 세대 간 상승 이동이 최대가 된다. 따라서 전체 자녀 중 최대 30%가 세대 간 상승 이동을 하였다. 즉, 세대 간 상승 이동한 자녀 수가 세대 간 하강 이동한 자녀 수보다 적다.

⑤ 다이아몬드형 계층 구조가 피라미드형 계층 구조보다 사회 통합에 유리하다.

8 사회 변동을 바라보는 관점의 이해

[문제분석] A는 순환론, B는 진화론이다.

[정답찾기] ㄱ. 순환론은 사회 변동을 운명론적 관점으로 본다.

ㄷ. 순환론은 사회가 쇠퇴하거나 소멸할 수도 있다고 보므로 사회가 항상 진보한다고 보지 않는다.

ㄹ. 진화론은 서구 제국주의를 정당화하는 논리로 악용될 수 있다.

[오답피하기] ㄴ. 진화론은 각 사회가 발전하고 있지만, 발전 속도와 수준의 차이가 존재한다고 본다.

9 사회·문화 현상을 바라보는 관점의 이해

[문제분석] A는 기능론, B는 갈등론, C는 상징적 상호 작용론이다.

[정답찾기] ③ 기능론은 상징적 상호 작용론과 달리 사회 구성 요소 간의 상호 의존성이 약화될 때 사회 문제가 발생한다고 본다.

[오답피하기] ① 사회적 긴장이나 갈등을 지속적이고 필연적인 현상으로 보는 관점은 갈등론이다.

② 갈등론은 서로 다른 계급 간의 이익이 양립할 수 없다고 본다.

④ 사회가 유기체와 같은 특성을 지닌다고 보는 관점은 기능론이다.

⑤ 상징적 상호 작용론은 갈등론과 달리 사회·문화 현상을 미시적 관점에서 바라본다. 따라서 해당 내용은 (가)에 들어갈 수 있다.

10 인구 구성의 분석

[문제분석] 1980년에 총인구 중 15~64세 인구 비율이 70%, '0~14세 인구+65세 이상 인구'의 비율이 30%이다. 총인구 중 0~14세 인구 비율을 a%라고 하면, 노령화 지수의 경우 $\{(30-a)/a\} \times 100 = 20$이므로 총인구 중 0~14세 인구 비율은 25%, 65세 이상 인구 비율은 5%이다. 2000년에 총인구 중 15~64세 인구 비율이 70%, '0~14세 인구+65세 이상 인구'의 비율이 30%이다. 총인구 중 0~14세 인구 비율을 b%라고 하면, 노령화 지수의 경우 $\{(30-b)/b\} \times 100 = 50$이므로 총인구 중 0~14세 인구 비율은 20%, 65세 이상 인구 비율은 10%이다. 2020년에 총인구 중 15~64세 인구 비율이 65%, '0~14세 인구+65세 이상 인구'의 비율이 35%이다. 총인구 중 0~14세 인구 비율을 c%라고 하면, 노령화 지수의 경우 $\{(35-c)/c\} \times 100 = 75$이므로 총인구 중 0~14세 인구 비율은 20%, 65세 이상 인구 비율은 15%이다. 1980년 65세 이상 인구를 5명, 총인구를 100명이라고 가정하고, 65세 이상 인구가 2000년이 1980년의 4배, 2020년이 2000년의 1.5배임을 활용하여 인구 구성을 나타내면 다음과 같다.

(단위: %, 명)

구분	1980년		2000년		2020년	
	비율	인구수	비율	인구수	비율	인구수
0~14세 인구	25	25	20	40	20	40
15~64세 인구	70	70	70	140	65	130
65세 이상 인구	5	5	10	20	15	30
계	100	100	100	200	100	200

[정답찾기] ⑤ 총인구 중 65세 이상 인구 비율은 2020년이 15%, 1980년이 5%이므로 2020년이 1980년의 3배이다.

[오답피하기] ① 총인구는 2000년과 2020년이 같다.

② 0~14세 인구는 2000년이 40명, 1980년이 25명이므로 2000년이 1980년보다 많다.

③ 유소년 부양비는 1980년이 $(25/70) \times 100$, 2000년이 $(20/70) \times 100$이므로 1980년이 2000년보다 크다.

④ 노년 부양비는 2000년이 $(10/70) \times 100$, 2020년이 $(15/65) \times 100$이므로 2020년이 2000년의 1.5배보다 크다.

04회 미니모의고사

1 ④	2 ④	3 ②	4 ⑤
5 ④	6 ①	7 ③	8 ①
9 ②	10 ④		

1 자료 수집 방법의 이해

문제분석 갑은 참여 관찰법과 질문지법을 통해 자료를 수집하였고, 을은 문헌 연구법과 면접법을 통해 자료를 수집하였다.

정답찾기 ㄱ. 자료 수집 상황에 대한 통제 정도가 가장 낮은 자료 수집 방법은 참여 관찰법이다.

ㄷ. 갑은 1차 자료만을 수집하였다. 을은 문헌 연구법을 통해 2차 자료를, 면접법을 통해 1차 자료를 수집하였다.

ㄹ. 갑은 참여 관찰법을 통해 질적 자료를 수집하였고, 질문지법을 통해 양적 자료를 수집하였다. 을은 문헌 연구법을 통해 양적 자료를 수집하였고, 면접법을 통해 질적 자료를 수집하였다.

오답피하기 ㄴ. 조사 대상자와의 언어적 상호 작용이 필수적인 방법은 면접법과 질문지법이다. 따라서 갑과 을은 모두 조사 대상자와의 언어적 상호 작용이 필수적인 자료 수집 방법을 사용하였다.

2 사회·문화 현상을 바라보는 관점의 이해

문제분석 사회·문화 현상의 의미가 행위 주체에 따라 다르게 규정된다고 보는 관점은 상징적 상호 작용론이고, 개인의 행동이 특정 집단의 가치가 반영된 사회 규범에 의해 강제된다고 보는 관점은 갈등론이며, 사회의 각 부분이 상호 보완적 역할을 수행함으로써 사회 질서가 유지된다고 보는 관점은 기능론이다.

정답찾기 ④ B가 행위자의 자율성과 능동성을 중시하는 관점인 상징적 상호 작용론이라면, 갑의 발표 내용과 을의 발표 내용은 모두 옳지 않다.

오답피하기 ① 갑의 발표 내용만 옳을 경우, A는 상징적 상호 작용론, B는 기능론, C는 갈등론이다. 기능론과 갈등론은 모두 집합적 단위로서의 사회 구조를 중시하는 거시적 관점이다.

② 을의 발표 내용만 옳을 경우, A는 기능론, B는 갈등론, C는 상징적 상호 작용론이다. 개인들의 주관적인 상황 정의를 중시하는 관점은 상징적 상호 작용론이다.

③ 병의 발표 내용만 옳을 경우, A는 갈등론, B는 상징적 상호 작용론, C는 기능론이다. 사회가 유기체와 유사한 특성을 지니고 있다고 보는 관점은 기능론이다.

⑤ C가 사회 변동의 원동력이 사회에 내재해 있다고 보는 관점인 갈등론이라면, 을의 발표 내용과 병의 발표 내용은 모두 옳지 않다.

3 사회·문화 현상과 자연 현상의 이해

문제분석 ㉠, ㉡과 같은 현상은 자연 현상, ㉢, ㉣과 같은 현상은 사회·문화 현상에 해당한다.

정답찾기 ② 사회·문화 현상은 현상과 현상이 필연성으로 관련을 맺고 있는 것이 아니라 개연성으로 관련을 맺고 있다.

오답피하기 ① 자연 현상은 몰가치성을 지닌다.

③ 자연 현상은 존재 법칙으로 설명된다.

④ 자연 현상과 사회·문화 현상은 모두 보편성을 지닌다.

⑤ 자연 현상과 사회·문화 현상은 모두 경험적 자료를 통해 연구할 수 있다.

4 사회학적 개념의 이해

문제분석 대학교와 회사는 모두 2차적 사회화 기관이다.

정답찾기 ㄷ. 대학교는 공식적 사회화 기관이고, 회사는 비공식적 사회화 기관이다.

ㄹ. 갑이 회사를 부실하게 운영한 것은 사장으로서 갑의 역할 행동이다.

오답피하기 ㄱ. 회사는 2차적 사회화 기관이다.

ㄴ. 아버지는 성취 지위이고, 아들은 귀속 지위이다.

5 일탈 이론의 이해

문제분석 ㉠에 따라 A~C에 해당하는 일탈 이론을 나타내면 다음과 같다.

㉠	A	B	C
갑과 을	낙인 이론	머튼의 아노미 이론	차별 교제 이론
갑과 병	낙인 이론	차별 교제 이론	머튼의 아노미 이론
을과 병	차별 교제 이론	머튼의 아노미 이론	낙인 이론

정답찾기 ④ ㉠이 갑과 병이면, B는 차별 교제 이론이다. 차별 교제 이론은 정상적인 집단과의 교류 확대를 일탈 행동의 해결책으로 본다.

오답피하기 ① A가 차별 교제 이론이면, B는 머튼의 아노미 이론이다.

② C가 낙인 이론이면, B는 머튼의 아노미 이론이다.

③ ㉠이 갑과 을이면, C는 차별 교제 이론이다. 일탈 행동을 규정하는 객관적 기준이 존재하지 않는다고 보는 이론은 낙인 이론이다.

⑤ ㉠이 을과 병이면, C는 낙인 이론이다. 최초의 일탈보다 2차적 일탈의 발생 과정에 주목하는 이론은 낙인 이론이다. 따라서 해당 질문은 (가)에 들어갈 수 있다.

6 사회 집단과 사회 조직의 이해

문제분석 C는 D 내에서 구성원들이 친목 도모, 긴장감 완화 등을 목적으로 자발적으로 결성한 사회 집단이므로 C는 비공식 조직, D는 공식 조직이다. '구성원의 선택적 의지에 따라 형성된 집단인가?'라는 질문으로 A와 B를 구분할 수 있으므로 A와 B는 각각 공동 사회와 자발적 결사체 중 하나이다. B이면서 동시에 비공식 조직(C)인 사회 집단이 존재한다는 것이 옳지 않으므로 B는 공동 사회이다. 따라서 A는 자발적 결사체이다.

정답찾기 ① 시민 단체, 이익 집단과 같이 비공식 조직이 아닌 자발적 결사체는 존재하지만, 모든 비공식 조직은 자발적 결사체에 해당하므로 자발적 결사체가 아닌 비공식 조직은 존재할 수 없다.

오답피하기 ② 공동 사회이면서 공식 조직인 사례는 존재하지 않는다.

③ 공동 사회는 가입과 탈퇴가 자유롭지 않은 사회 집단이다.

④ 공식 조직은 구성원들의 지위와 역할 구분이 체계화되어 있다.
⑤ 공식 조직에서는 과업 지향적이고 수단적인 인간관계가 지배적이다.

7 절대적 빈곤과 상대적 빈곤의 이해

문제분석　갑국은 절대적 빈곤선과 상대적 빈곤선이 동일하고, 을국은 절대적 빈곤 가구 수가 상대적 빈곤 가구 수보다 많으며, 병국은 상대적 빈곤 가구 수가 절대적 빈곤 가구 수보다 많다.

정답찾기　③ 병국에서는 상대적 빈곤 가구 중 80%가 절대적 빈곤 가구에도 해당한다. 따라서 절대적 빈곤 가구와 상대적 빈곤 가구 모두에 해당하는 가구 수는 상대적 빈곤 가구 수의 80%이다.

오답피하기　① 갑국에서는 절대적 빈곤선과 상대적 빈곤선이 동일하므로 절대적 빈곤 가구 수와 상대적 빈곤 가구 수가 같다.
② 을국에서는 상대적 빈곤 가구 수가 절대적 빈곤 가구 수의 90%이다.
④ 갑국과 을국에서 상대적 빈곤 가구는 모두 절대적 빈곤 가구에 해당한다.
⑤ 을국에서는 절대적 빈곤 가구 수가 상대적 빈곤 가구 수보다 많으므로 중위 소득의 50%가 최저 생계비보다 클 수 없다. 병국에서는 상대적 빈곤 가구 수가 절대적 빈곤 가구 수보다 많으므로 최저 생계비가 중위 소득의 50%보다 클 수 없다.

8 사회 보장 제도의 분석

문제분석　A는 사회 보험인 국민연금 제도, B는 공공 부조인 기초 연금 제도이다. A의 수급자 비율이 갑 권역 전체에서 14%이고, (다) 지역에서도 14%이므로 (가)+(나) 지역에서 A의 수급자 비율은 14%가 되어야 한다. '(가) 지역 수급자 비율 15%−14%' : '14%−(나) 지역 수급자 비율 13%'=1 : 1이므로 (가) 지역 인구와 (나) 지역 인구는 같다. B의 수급자 비율이 갑 권역 전체에서 13%이고, (가) 지역에서도 13%이므로 (나)+(다) 지역에서 B의 수급자 비율은 13%가 되어야 한다. '(나) 지역 수급자 비율 15%−13%' : '13%−(다) 지역 수급자 비율 9%'=2 : 4, 즉 1 : 2이므로 (나) 지역 인구는 (다) 지역 인구의 2배이다. (가) 지역 인구와 (나) 지역 인구를 각각 200명, (다) 지역 인구를 100명이라고 가정하여 제시된 자료를 바탕으로 지역별 A, B 수급자를 나타내면 다음과 같다.

(단위: %, 명)

구분	(가) 지역 (200명)		(나) 지역 (200명)		(다) 지역 (100명)		갑 권역 전체 (500명)	
	비율	인원	비율	인원	비율	인원	비율	인원
A의 수급자	15	30	13	26	14	14	14	70
B의 수급자	13	26	15	30	9	9	13	65
A와 B의 중복 수급자	10	20	0	18	7	7	9	45

정답찾기　ㄱ. 수익자 부담 원칙을 적용하는 제도는 사회 보험인 국민연금 제도(A)이다. A의 수급자 수는 (가) 지역이 30명, (다) 지역이 14명이므로 (가) 지역이 (다) 지역의 2배를 넘는다.
ㄴ. 보편적 복지 제도는 사회 보험인 국민연금 제도(A)이다. 갑 권역 전체에서 A의 수급자 중 (가), (나) 지역 수급자의 비율은 80%｛=(56/70)×100｝이다.

오답피하기　ㄷ. 사후 처방적 성격이 강한 제도는 공공 부조인 기초 연금 제도(B)이고, 사전 예방적 성격이 강한 제도는 사회 보험인 국민연금 제도(A)이다. 갑 권역 전체에서 B의 수급자는 65명, A의 수급자는 70명이므로 B의 수급자가 A의 수급자보다 적다.
ㄹ. 상호 부조의 원리에 기초한 제도는 사회 보험인 국민연금 제도(A)이다. (나) 지역의 A 또는 B의 수급자는 해당 지역 인구 중 19%(=13%+15%−9%)이고, A에만 수급자인 사람은 해당 지역 인구 중 4%(=13%−9%)이다. (다) 지역의 A 또는 B의 수급자는 해당 지역 인구 중 16%(=14%+9%−7%)이고, A에만 수급자인 사람은 해당 지역 인구 중 7%(=14%−7%)이다. A 또는 B의 수급자 중 A에만 수급자인 사람의 비율은 (나) 지역이 (4/19)×100, (다) 지역이 (7/16)×100이므로 (다) 지역이 (나) 지역보다 높다.

9 순환론과 진화론의 이해

문제분석　A가 순환론, B가 진화론이면, 첫 번째 질문에 대한 옳은 응답은 '아니요'이고, 세 번째 질문에 대한 옳은 응답은 '아니요'이다. 이 경우 (가)에 대한 응답의 진위를 고려하지 않으면 갑의 옳은 응답은 1개, 을의 옳은 응답은 2개가 되어 옳은 응답의 개수가 을이 갑보다 많다. 따라서 A는 순환론, B는 진화론이다.

정답찾기　ㄱ. 순환론은 모든 사회가 생성, 성장, 쇠퇴, 소멸의 과정을 피할 수 없다고 보므로 사회 변동에 영향을 미치는 인간의 자율성을 경시한다는 비판을 받는다.
ㄹ. (가)에 'B는 사회가 동일한 과정을 주기적으로 반복하며 변동한다고 보는가?'가 들어가면, 옳은 응답은 '아니요'이다. 이 경우 옳은 응답은 갑이 2개, 을이 3개이다.

오답피하기　ㄴ. 운명론적 관점에서 사회 변동을 설명하는 이론은 순환론이다.
ㄷ. 순환론이 진화론보다 미래에 나타날 변동 방향을 예측하여 대응하는 데 유리하다고 볼 수 없다.

10 인구 구성의 분석

문제분석　t년에 15~64세 인구를 100명이라고 가정하여 제시된 자료를 바탕으로 인구 구성을 나타내면 다음과 같다.

(단위: 명)

구분	t년	t+30년	t+60년
0~14세 인구	50	60	72
15~64세 인구	100	120	144
65세 이상 인구	20	36	72
전체	170	216	288

정답찾기　④ 15~64세 인구 1명당 65세 이상 인구는 t년이 0.2명, t+30년이 0.3명, t+60년이 0.5명이다.

오답피하기　① 총부양비는 t년이 70, t+30년이 80이다.
② t년 대비 t+30년에 0~14세 인구 증가율은 20%이다.
③ t년 대비 t+30년에 0~14세 인구의 비(比)는 60/50, 65세 이상 인구의 비(比)는 36/20이다.
⑤ 전체 인구에서 노년 인구가 차지하는 비율은 t년이 약 11.8%로 고령화 사회, t+30년이 약 16.7%로 고령 사회, t+60년이 25%로 초고령 사회이다.

1 ①	2 ③	3 ②	4 ⑤
5 ⑤	6 ④	7 ②	8 ④
9 ②	10 ③		

1 사회·문화 현상과 자연 현상의 이해

문제분석 ㉠, ㉢과 같은 현상은 사회·문화 현상, ㉡과 같은 현상은 자연 현상에 해당한다.

정답찾기 ① 자연 현상은 확실성의 원리가 적용되고, 사회·문화 현상은 확률의 원리가 적용된다.

오답피하기 ② 자연 현상은 인과 관계가 명확하고, 사회·문화 현상은 인과 관계가 불명확하다.

③ 자연 현상은 몰가치적이고, 사회·문화 현상은 가치 함축적이다.

④ 자연 현상과 사회·문화 현상은 모두 경험적 자료를 통해 연구할 수 있다.

⑤ 통제된 실험이 용이한 것은 자연 현상이다.

2 양적 연구의 분석

문제분석 갑은 양적 연구를 적용하여 연구를 수행하였다.

정답찾기 ③ 을이 개발한 설문지를 활용하였더라도 갑이 직접 봉사 참여의 자발성 정도에 관한 자료를 수집하였으므로 ㉢은 갑이 수집한 1차 자료이다.

오답피하기 ① 양적 연구는 방법론적 일원론을 전제로 한다.

② 봉사 참여의 자발성 정도를 알아보기 위해서는 봉사 경험이 있는 사람을 대상으로 자료를 수집할 수밖에 없으므로 봉사 경험이 없는 사람을 포함하지 않았다는 이유로 ㉢이 모집단을 대표하지 못하는 것은 아니다.

④ 봉사에 계속 참여할 의향 정도는 봉사 참여의 지속 의도에 대한 조작적 정의에 해당한다. 제시된 연구에서 봉사 참여의 자발성 정도는 독립 변인, 봉사 참여에 대한 주관적 만족도와 봉사에 계속 참여할 의향 정도는 종속 변인이다.

⑤ 봉사 참여의 자발성 정도가 독립 변인, 봉사 참여에 대한 주관적 만족도와 봉사에 계속 참여할 의향 정도가 종속 변인이므로 연구자가 세운 가설 중 하나는 '봉사 참여의 자발성 정도가 높을수록 봉사 참여에 대한 주관적 만족도가 높을 것이다.'이다.

3 사회·문화 현상을 바라보는 관점의 이해

문제분석 A는 갈등론, B는 상징적 상호 작용론, C는 기능론이고, (가)에는 상징적 상호 작용론에 해당하지만 기능론에는 해당하지 않는 질문 또는 기능론에 해당하지만 상징적 상호 작용론에는 해당하지 않는 질문이 들어가야 한다.

정답찾기 ㄱ. 사회가 유기체와 유사하다고 보는 것은 기능론에만 해당하는 설명이다. 따라서 해당 질문은 (가)에 들어갈 수 있다.

ㄷ. 사회·문화 현상을 구성하는 개인의 능동성에 주목하는 것은 상징적 상호 작용론에만 해당하는 설명이다. 따라서 해당 질문은

(가)에 들어갈 수 있다.

오답피하기 ㄴ. 기능론, 갈등론, 상징적 상호 작용론은 모두 사회 문제의 발생 원인을 설명할 수 있다. 따라서 해당 질문은 (가)에 들어갈 수 없다.

ㄹ. 사회 규범이 지배 집단의 합의를 통해 형성되었다고 보는 것은 갈등론이다. 따라서 해당 질문은 (가)에 들어갈 수 없다.

4 사회 집단과 사회 조직의 이해

문제분석 갑은 ○○시 지방 의회, 을은 ○○시(지방 자치 단체), 병은 환경 시민 단체, 정은 대학교에 속해 있다.

정답찾기 ㄷ. 병이 속한 환경 시민 단체는 갑이 속한 ○○시 지방 의회와 달리 자발적 결사체에 해당한다.

ㄹ. 정이 속한 대학교는 공식적 사회화 기관에 해당하고, 을이 속한 ○○시(지방 자치 단체)는 비공식적 사회화 기관에 해당한다.

오답피하기 ㄱ. 갑이 속한 ○○시 지방 의회와 병이 속한 환경 시민 단체는 모두 이익 사회에 해당한다.

ㄴ. 을이 속한 ○○시(지방 자치 단체)와 정이 속한 대학교는 모두 2차 집단에 해당한다.

5 관료제와 탈관료제의 이해

문제분석 조직의 유연성 정도와 의사 결정 권한의 분산 정도는 탈관료제가 관료제보다 높다. 갑의 점수가 2점이므로 A는 탈관료제, B는 관료제이고, (가)에는 옳지 않은 기준이 들어가야 한다. 업무의 세분화 정도는 관료제가 탈관료제보다 높고, 능력 및 업적에 따른 보상의 중시 정도는 탈관료제가 관료제보다 높다. 따라서 을의 첫 번째 답안 내용은 옳지 않고, 두 번째 답안 내용은 옳다.

정답찾기 ⑤ ㉠이 '1점'이면, (가), (나) 모두에 옳지 않은 내용이 들어가야 한다. 권한과 책임의 위계 서열화 정도는 관료제가 탈관료제보다 높다. 따라서 해당 내용은 (가), (나) 모두에 들어갈 수 있다.

오답피하기 ① 관료제의 한계를 극복하기 위해 탈관료제가 등장하였다.

② 관료제와 탈관료제는 모두 효율적인 업무 수행을 중시한다.

③ 중간 관리층의 역할 비중 정도는 관료제가 탈관료제보다 높다. 따라서 해당 내용은 (가)에 들어갈 수 있다.

④ 규약과 절차에 따른 과업 수행의 중시 정도는 관료제가 탈관료제보다 높다. 따라서 해당 내용이 (나)에 들어가면, ㉠은 '1점'이다.

6 문화 변동의 양상 이해

문제분석 갑국에서는 A국 문화 요소의 확산으로 자기 문화 요소가 소멸하였다. 을국에서는 A국 문화 요소에 착안하여 새로운 문화 요소가 만들어졌다. 병국에서는 A국 문화 요소와 자국 문화 요소가 결합하여 새로운 문화 요소가 만들어졌다.

정답찾기 ㄴ. 갑국에서는 문화 동화가 나타났으므로 자기 문화의 정체성이 소멸된다. 병국에서는 문화 융합이 나타났으므로 자기 문화의 정체성이 새로운 문화 요소에 남아 있다.

ㄹ. 갑국에서는 서적이라는 매개체에 의한 간접 전파가, 을국에서는 외부 문화 요소에 착안하여 새로운 문화 요소를 만들어 내

는 자극 전파가, 병국에서는 문화 요소 향유자들에 의한 직접 전파가 나타났다.

 ㄱ. 갑국에서는 문화 동화가 나타났고, 병국에서는 문화 융합이 나타났다.

ㄷ. 갑국~병국은 모두 외부 사회와의 접촉으로 새로운 문화 요소를 향유하게 되었다.

7 사회적 소수자의 이해

문제분석 사회적 소수자는 신체적 또는 문화적 특징으로 인해 주류 집단으로부터 차별을 받는 사람들을 말한다.

정답찾기 ㄱ. ○○ 종교 신자는 A국에서는 주류 집단에 속하지만, B국에서는 사회적 소수자 집단에 속한다. 이는 사회적 소수자가 상대적으로 규정됨을 보여 준다.

ㄷ. 갑은 A국에서 초등학교 시절 입은 장애를 이유로, 즉 후천적 요인에 의해 차별을 받았다.

오답피하기 ㄴ. A국에서는 인구의 80%를 차지하는 □□ 종교 신자가 사회적 소수자 집단에 속한다. 이는 사회적 소수자가 수적으로 열세인 집단을 의미하지 않음을 보여 준다.

ㄹ. 갑은 B국에서 ○○ 종교 신자라는 문화적 특징에 의한 차별뿐만 아니라 장애라는 신체적 특징에 의한 차별을 받았다.

8 성 불평등의 분석

문제분석 t년에 남성 근로자 수를 100a, 여성 근로자 평균 임금을 100b라고 가정하여(a, b는 양수) 제시된 자료를 바탕으로 연도별 남녀 근로자 수와 근로자 평균 임금을 나타내면 다음과 같다.

구분		t년	$t+10$년	$t+20$년
근로자 수	남성	100a	125a	150a
	여성	150a	250a	450a
근로자 평균 임금	남성	250b	320b	360b
	여성	100b	160b	240b

정답찾기 ④ 남성 근로자와 여성 근로자 간 평균 임금액의 차이는 t년이 150b, $t+10$년이 160b로, $t+10$년이 t년보다 크다.

오답피하기 ① t년 여성 근로자 수와 $t+20$년 남성 근로자 수는 각각 150a로 같다.

② t년 남성 근로자 평균 임금은 250b, $t+20$년 여성 근로자 평균 임금은 240b이다.

③ t년 대비 $t+10$년에 근로자 수 증가율과 평균 임금 증가율은 모두 여성이 남성보다 크다. 따라서 t년 대비 $t+10$년에 근로자 임금 총액 증가율은 여성이 남성보다 크다.

⑤ 여성 근로자 수 증가율은 t년 대비 $t+10$년이 약 67%, $t+10$년 대비 $t+20$년이 80%이다.

9 진화론과 순환론의 이해

문제분석 진화론과 순환론의 특징에 대한 설명의 진위를 가려 말판의 말이 움직인 경로를 찾아야 한다.

정답찾기 ② 순서 1에서 모든 사회가 일종의 순환적인 변동을 반복한다고 보는 이론은 순환론이므로 틀린 설명이다. 따라서 말판의 말은 A에서 B로 이동한다. 순서 2에서 운명론적인 시각을 견지하여 인간 행위의 자율성을 과소평가한다는 비판을 받는 이론은 순환론이므로 옳은 설명이다. 따라서 말판의 말은 B에서 D로 이동한다. 순서 3에서 사회가 일정한 양상을 반복하면서 변동한다고 보는 이론은 순환론이므로 틀린 설명이다. 따라서 말판의 말은 D에서 E로 이동한다. 순서 4에서 사회의 발전 양상을 설명하는 데 유용한 이론은 진화론이므로 틀린 설명이다. 따라서 말판의 말은 E에서 A로 이동한다.

10 인구 구성의 분석

문제분석 1960년에 총인구 중 0~14세 인구는 3/20, 15~64세 인구는 16/20, 65세 이상 인구는 1/20이므로 총인구 중 0~14세 인구 비율은 15%, 15~64세 인구 비율은 80%, 65세 이상 인구 비율은 5%이다. 1990년에 총인구 중 0~14세 인구는 3/20, 15~64세 인구는 14/20, 65세 이상 인구는 3/20이므로 총인구 중 0~14세 인구 비율은 15%, 15~64세 인구 비율은 70%, 65세 이상 인구 비율은 15%이다. 2020년에 15~64세 인구 대비 0~14세 인구는 3/12, 총인구 중 0~14세 인구는 3/20, 15~64세 인구는 12/20, 65세 이상 인구는 5/20이므로 총인구 중 0~14세 인구 비율은 15%, 15~64세 인구 비율은 60%, 65세 이상 인구 비율은 25%이다. 1990년에 0~14세 인구를 15명이라고 가정하면 다음 표를 구성할 수 있다.

구분	1960년		1990년		2020년	
	비율(%)	인구(명)	비율(%)	인구(명)	비율(%)	인구(명)
0~14세 인구	15	15	15	30	15	60
15~64세 인구	80	80	70	140	60	240
65세 이상 인구	5	5	15	30	25	100
계	100	100	100	200	100	400

정답찾기 ③ 0~14세 인구 대비 65세 이상 인구는 1960년이 1/3, 2020년이 5/3이므로 2020년이 1960년의 5배이다.

오답피하기 ① 15~64세 인구의 경우 1960년이 80명이면 1990년이 140명이므로 1990년이 1960년의 2배 미만이다.

② 65세 이상 인구의 경우 1990년이 30명이면 2020년이 100명이므로 2020년이 1990년의 4배 미만이다.

④ 1990년과 2020년에 총인구 중 0~14세 인구 비율이 같다. 따라서 1990년 대비 2020년에 0~14세 인구 증가율과 총인구 증가율이 같다.

⑤ 1960년에는 총인구 중 65세 이상 인구 비율이 5%이므로 고령화 사회에 해당하지 않는다. 1990년에는 총인구 중 65세 이상 인구 비율이 15%이므로 고령 사회에 해당한다. 2020년에는 총인구 중 65세 이상 인구 비율이 25%이므로 초고령 사회에 해당한다.

06회 미니모의고사

1 ②	2 ③	3 ③	4 ④
5 ②	6 ⑤	7 ②	8 ⑤
9 ①	10 ②		

1 사회·문화 현상을 바라보는 관점의 이해

문제분석 A가 갈등론, B가 기능론이라면, 을은 첫 번째와 세 번째 질문에 옳지 않은 응답을 하게 되어 3점을 획득할 수 없다. 따라서 A는 기능론, B는 갈등론이다.

정답찾기 ㄱ. 기능론은 일시적으로 불안정한 상태가 발생하더라도 스스로 균형을 회복하여 균형을 유지하려는 속성을 갖는다고 본다.
ㄷ. 갑이 2점을 획득하기 위해서는 두 번째와 세 번째 질문에 대한 답변이 옳아야 한다. 따라서 ㉠은 '예'이다.

오답피하기 ㄴ. 기능론과 갈등론은 모두 사회적 가치가 희소하다고 본다.
ㄹ. (가)에 대한 옳은 응답은 '예'이다. 사회 질서를 지배 계급의 강압에 의해 나타난 결과로 보는 관점은 갈등론이다. 따라서 해당 질문은 (가)에 들어갈 수 있다.

2 양적 연구의 분석

문제분석 제시된 연구는 비행 청소년들의 준법 의식과 법적 문제 해결력에 □□ 법 교육 프로그램 적용이 미치는 효과를 분석하기 위한 양적 연구이다.

정답찾기 ㄷ. A 집단은 독립 변인을 처치한 실험 집단이고, B 집단은 통제 집단이다.
ㄹ. 실험법에서 사전 검사는 실험 집단과 통제 집단을 대상으로 독립 변인 처치 전 종속 변인인 준법 의식과 법적 문제 해결력에 대한 1차 측정을 하는 과정이다.

오답피하기 ㄱ. 준법 의식 변인에서 사전 검사 결과와 사후 검사 결과를 비교하면 실험 집단인 A 집단의 경우 점수가 상승한 반면, 통제 집단인 B 집단의 경우에는 큰 변화가 없다. 실험 집단과 통제 집단 간의 이러한 차이가 통계적으로 유의미하므로 □□ 법 교육 프로그램 적용이 비행 청소년들의 준법 의식 향상에 미친 영향을 확인할 수 있다. 따라서 해당 가설은 수용된다.
ㄴ. 준법 의식과 법적 문제 해결력은 모두 종속 변인에 해당한다.

3 자료 수집 방법의 이해

문제분석 A는 질문지법, B는 문헌 연구법, C는 면접법, D는 참여 관찰법이다.

정답찾기 ③ 문헌 연구법은 면접법에 비해 시간과 비용 측면에서 효율적이다.

오답피하기 ① 질문지법은 주로 양적 연구에서 사용된다.
② 참여 관찰법은 비구조화·비표준화된 자료 수집 방법이다.
④ 면접법은 자료 수집 과정에서 연구자의 주관이 개입될 가능성이 높다.

⑤ 2차 자료를 수집하는 데 적합한 방법은 문헌 연구법이다.

4 사회 조직의 이해

문제분석 A는 자발적 결사체, B는 공식 조직, C는 비공식 조직이다.

정답찾기 ④ 시민 단체는 자발적 결사체이면서 공식 조직이다. 따라서 ㉠은 '예', ㉡은 '아니요'이다.

오답피하기 ① 비공식 조직은 주로 비공식적 통제에 의해 운영된다. 자발적 결사체 중 비공식 조직과 같은 친목 위주의 집단은 주로 비공식적 통제에 의해, 시민 단체나 이익 집단과 같은 공식 조직은 공식적 통제에 의해 운영된다.
② 동네 조기 축구회는 자발적 결사체이지만 비공식 조직에 해당하지 않는다.
③ 공식 조직은 2차 집단의 특성이 강하다. 따라서 해당 질문은 (가)에 들어갈 수 있다.
⑤ 대학교 총동창회는 자발적 결사체이자 공식 조직이다. 따라서 해당 질문은 (다)에 들어갈 수 없다.

5 개인과 사회의 관계를 바라보는 관점의 이해

문제분석 A는 사회 실재론, B는 명목론이며, ㉠, ㉡에는 사회 실재론에 부합하는 내용이, ㉢, ㉣에는 사회 명목론에 부합하는 내용이 들어가야 한다.

정답찾기 ㄱ. 사회 실재론은 사회가 실제로 존재하며 구성원들에게 외재성을 지니고 있다고 본다. 따라서 해당 내용은 ㉠에 들어갈 수 있다.
ㄹ. 사회 명목론은 개인의 행위에 미치는 사회 구조의 영향력을 간과한다는 한계가 있다. 따라서 해당 내용은 ㉣에 들어갈 수 있다.

오답피하기 ㄴ. 사회 명목론은 사회 전체의 이익을 경시한다는 한계가 있다. 따라서 해당 내용은 ㉡에 들어갈 수 없다.
ㄷ. 사회 명목론은 실제로 존재하는 것은 사람들이 상호 작용을 통해 만들어 내는 다양한 사회적 관계라고 본다. 따라서 해당 내용은 ㉢에 들어갈 수 있다.

6 일탈 이론의 이해

문제분석 A는 낙인 이론, B는 차별 교제 이론, C는 차별 교제 이론이다.

정답찾기 ⑤ 차별 교제 이론과 뒤르켐의 아노미 이론은 모두 일탈 행동을 규정하는 객관적 기준이 존재한다고 본다. 따라서 해당 질문이 (나)에 들어가면, ㉡은 '예'이다.

오답피하기 ① 낙인 이론과 차별 교제 이론은 모두 타인과의 상호 작용이 일탈 행동 발생 과정에 미치는 영향을 중시한다. 따라서 ㉠은 '예'이다.
② 일탈의 대책으로 새로운 규범 정립을 통한 사회 통제의 강화를 강조하는 이론은 뒤르켐의 아노미 이론이다.
③ 사회 구조적 차원에서 일탈 행동을 분석하는 이론은 뒤르켐의 아노미 이론이다. 따라서 해당 질문은 (가)에 들어갈 수 있다.
④ 사회적 평가에 의한 부정적 자아 형성이 일탈 행동의 원인이라고 보는 이론은 낙인 이론이다. 따라서 해당 질문은 (나)에 들어갈 수 있다.

7 하위문화의 이해

문제분석　A는 하위문화, B는 주류 문화, C는 반문화이다.

정답찾기　② 주류 문화는 한 사회 전체적으로 공유하는 문화이므로 한 사회 전체적으로 문화적 동질성을 보여 주는 기능을 한다.

오답피하기　① 반문화, 하위문화, 주류 문화는 모두 해당 문화의 향유자에게 정체성을 부여할 수 있다.

③ 반문화와 하위문화는 모두 집단 간 갈등을 유발할 수 있다.

④ 반문화에 해당하는 문화를 향유하는 사람들이 증가하면 그 문화가 하위문화로 변화하는 것이 아니다.

⑤ 반문화를 향유하는 사람이 주류 문화를 모두 거부하는 것은 아닐 수 있다.

8 사회 보장 제도의 이해

문제분석　A는 사회 서비스인 노인 맞춤 돌봄 서비스 제도, B는 사회 보험인 국민연금 제도, C는 공공 부조인 기초 연금 제도이다. t년의 경우 갑국 전체 A 수급자 비율(4%)에서 (가) 지역 A 수급자 비율(3%)을 뺀 값과 (나) 지역 A 수급자 비율(5%)에서 갑국 전체 A 수급자 비율(4%)을 뺀 값이 같으므로 (가) 지역 인구와 (나) 지역 인구가 같다. t+10년의 경우 갑국 전체 A 수급자 비율(4%)에서 (가) 지역 A 수급자 비율(3%)을 뺀 값이 (나) 지역 A 수급자 비율(4.5%)에서 갑국 전체 A 수급자 비율(4%)을 뺀 값의 2배이므로 (나) 지역 인구는 (가) 지역 인구의 2배이다. t년과 t+10년에 갑국 총인구를 각각 600명이라고 가정하여 연도별 (가), (나) 지역의 A~C 수급자 수를 나타내면 다음과 같다.

(단위: 명)

구분		t년			t+10년		
		(가) 지역	(나) 지역	전체	(가) 지역	(나) 지역	전체
인구		300	300	600	200	400	600
수급자 수	A	9	15	24	6	18	24
	B	12	18	30	12	30	42
	C	33	27	60	28	32	60

정답찾기　⑤ 상호 부조의 원리가 적용되는 제도는 사회 보험인 국민연금 제도(B)이다. B의 경우 (가) 지역 수급자 수 대비 (나) 지역 수급자 수는 t년이 18/12, t+10년이 30/12으로, t+10년이 t년보다 크다.

오답피하기　① ㉠, ㉡, ㉣은 '아니요', ㉢은 '예'이다.

② 비금전적 지원을 원칙으로 하는 제도는 사회 서비스인 노인 맞춤 돌봄 서비스 제도(A)이다. A의 경우 t+10년 수급자 수는 (나) 지역(18명)이 (가) 지역(6명)의 3배이다.

③ 국가와 지방 자치 단체가 비용 전액을 부담하는 제도는 공공 부조인 기초 연금 제도(C)이다. C의 경우 갑국 전체 수급자 수는 t년(60명)과 t+10년(60명)이 같다.

④ 금전적 지원을 원칙으로 하고 사전 예방적 성격이 강한 제도는 사회 보험인 국민연금 제도(B)이다. B의 경우 (가) 지역 수급자 수는 t년(12명)과 t+10년(12명)이 같다.

9 진화론과 순환론의 이해

문제분석　A는 진화론, B는 순환론이고, (가)에는 순환론의 특징으로 옳지 않은 내용이 들어가야 한다.

정답찾기　① 사회 변동이 항상 발전을 의미하지 않는다는 점을 간과한다는 비판을 받는 이론은 진화론이다.

오답피하기　② 사회가 일정한 방향성을 가지고 단계적으로 발전한다고 보는 이론은 진화론이다.

③ 사회 변동의 원인을 사회 구조적인 측면에서 찾는 관점은 기능론과 갈등론이다.

④ 서구 사회가 가장 발전된 사회 형태라고 전제하는 이론은 진화론이다.

⑤ '사회 변동에 대한 역동적 대응이 용이하다는 평가를 받는다.' 는 순환론의 특징으로 옳지 않은 내용이다. 따라서 해당 내용은 (가)에 들어갈 수 있다.

10 인구 구성의 분석

문제분석　t년에 A 지역과 갑국 전체 노령화 지수의 차가 20, B 지역과 갑국 전체 노령화 지수의 차가 30이므로 노령화 지수의 분모 값인 유소년 인구는 'A 지역 : B 지역＝3 : 2'이다. t+50년에 A 지역과 갑국 전체 노령화 지수의 차가 60, B 지역과 갑국 전체 노령화 지수의 차가 40이므로 노령화 지수의 분모 값인 유소년 인구는 'A 지역 : B 지역＝2 : 3'이다. 갑국 전체의 유소년 인구는 t년과 t+50년이 같으므로 t년에 A 지역의 유소년 인구가 300명이라면, t년에 B 지역의 유소년 인구는 200명, t+50년에 A 지역의 유소년 인구는 200명, t+50년에 B 지역의 유소년 인구는 300명이다. 제시된 자료를 바탕으로 연도별 인구 구성을 나타내면 다음과 같다.

(단위: 명)

구분	t년		t+50년	
	A 지역	B 지역	A 지역	B 지역
0~14세 인구	300	200	200	300
15~64세 인구	1,200	300	1,000	600
65세 이상 인구	300	100	400	300
총인구	1,800	600	1,600	1,200

정답찾기　② B 지역의 총인구는 t년이 600명, t+50년이 1,200명으로, t+50년이 t년의 2배이다.

오답피하기　① A 지역의 부양 인구는 t년이 1,200명, t+50년이 1,000명으로, t년이 t+50년보다 많다.

③ 유소년 인구는 t년 A 지역과 t+50년 B 지역이 각각 300명이다.

④ 갑국의 총인구 중 유소년 인구 비율은 t년이 (500/2,400)×100, t+50년이 (500/2,800)×100으로, t년이 t+50년보다 크다.

⑤ 갑국 전체에서 t년 대비 t+50년에 노년 인구는 400명에서 700명으로, 부양 인구는 1,500명에서 1,600명으로 증가하였다.

07회 미니모의고사

1 ②	2 ⑤	3 ④	4 ③
5 ③	6 ②	7 ②	8 ③
9 ⑤	10 ⑤		

1 사회·문화 현상과 자연 현상의 이해

문제분석 ㉠, ㉡, ㉣과 같은 현상은 자연 현상, ㉢과 같은 현상은 사회·문화 현상에 해당한다.

정답찾기 ② 자연 현상은 사회·문화 현상에 비해 인과 관계가 분명하다.

오답피하기 ① 자연 현상은 보편성이 강하게 나타난다.
③ 자연 현상과 사회·문화 현상은 모두 경험적 자료를 통해 연구할 수 있다.
④ 사회·문화 현상은 확률의 원리가 적용되고, 자연 현상은 확실성의 원리가 적용된다.
⑤ 자연 현상은 존재 법칙을 따른다.

2 사회·문화 현상을 바라보는 관점의 이해

문제분석 ㉠은 '예', ㉡은 '아니요'이고, A는 상징적 상호 작용론, B와 C는 각각 기능론과 갈등론 중 하나이다.

정답찾기 ㄷ. '사회에 변동을 향한 원동력이 내재한다고 보는가?'에 대한 기능론의 응답은 '아니요', 갈등론의 응답은 '예'이다. 따라서 해당 질문은 (가)에 들어갈 수 있다.
ㄹ. '사회 유기체설을 바탕으로 하는가?'가 (가)에 들어가면, B는 기능론, C는 갈등론이다. 기능론은 갈등론과 달리 사회 규범이 사회 전체의 합의와 필요를 반영하여 형성된다고 본다.

오답피하기 ㄱ. ㉠은 '예', ㉡은 '아니요'이다.
ㄴ. 상징적 상호 작용론은 개인이 사회·문화 현상에 부여하는 주관적 의미에 대한 이해를 중시한다.

3 양적 연구의 분석

문제분석 제시된 연구는 경쟁 집단 구성원과 친밀한 관계를 형성하고 있는 소속 집단 구성원의 존재라는 변수가 경쟁 집단에 대한 태도라는 변수에 미치는 영향을 알아보기 위한 양적 연구이다.

정답찾기 ④ ㉂은 종속 변수인 경쟁 집단에 대한 태도를 측정하기 위한 구체적인 방법으로, 종속 변수에 대한 개념의 조작적 정의를 바탕으로 한다.

오답피하기 ① ㉡은 표본이고, ㉠은 모집단에 해당하지 않는다. 모집단은 우리나라 대학생 전체이다.
② ㉢은 실험 집단에 해당하지만, ㉤은 통제 집단에 해당하지 않는다.
③ 독립 변수는 ㉣이 아니라 경쟁 집단 구성원과 친밀한 관계를 형성하고 있는 소속 집단 구성원의 존재이다.
⑤ ㉃은 사후 검사를 통해 측정한 값이다.

4 개인과 사회의 관계를 바라보는 관점의 이해

문제분석 A는 사회 명목론, B는 사회 실재론이다.

정답찾기 ③ 사회 실재론은 사회의 구속력이 개인의 자유 의지보다 우위에 있다고 본다.

오답피하기 ① A는 사회 명목론, B는 사회 실재론이다.
② 사회가 개인에 외재하며 독자적으로 작동한다고 보는 관점은 사회 실재론이다.
④ 사회 구성원 모두가 발전하면 사회도 발전할 수밖에 없다고 보는 관점은 사회 명목론이다. 따라서 해당 내용은 (가)에 들어갈 수 있다.
⑤ 사회를 실체가 없는 허구적 개념에 불과하다고 보는 관점은 사회 명목론이다. 따라서 해당 내용은 (나)에 들어갈 수 없다.

5 문화 이해 태도의 이해

문제분석 ㉠에 따라 A~C에 해당하는 문화 이해 태도를 나타내면 다음과 같다.

㉠	A	B	C
갑과 을	문화 상대주의	문화 사대주의	자문화 중심주의
갑과 병	문화 상대주의	자문화 중심주의	문화 사대주의
을과 병	자문화 중심주의	문화 사대주의	문화 상대주의

정답찾기 ③ ㉠이 갑과 을이면, C는 자문화 중심주의이다. 자문화 중심주의는 자문화를 다른 사회에 이식하는 것을 당연시한다.

오답피하기 ① A가 자문화 중심주의이면, B는 문화 사대주의이다.
② C가 문화 사대주의이면, A는 문화 상대주의이다.
④ ㉠이 갑과 병이면, B는 자문화 중심주의이다. 자문화 중심주의는 타 문화와의 공존을 긍정적으로 인식하지 않는다.
⑤ ㉠이 을과 병이면, C는 문화 상대주의이다. 자문화가 외래문화에 종속될 수 있다는 비판을 받는 태도는 문화 사대주의이다. 따라서 해당 질문은 (가)에 들어갈 수 없다.

6 사회 집단과 사회 조직의 이해

문제분석 공식적 사회화 기관은 사회화를 목적으로 설립되었고, 비공식적 사회화 기관은 사회화를 목적으로 설립되지는 않았지만 사회화 기능도 담당한다.

정답찾기 ㄱ. 대학교는 공식적 사회화 기관, 회사는 비공식적 사회화 기관에 해당한다.
ㄷ. 동호회는 이익 사회, 가족은 공동 사회에 해당한다.

오답피하기 ㄴ. 동호회는 회사와 달리 자발적 결사체에 해당한다.
ㄹ. 회사 내 야구 동호회는 동네 배드민턴 동호회와 달리 비공식 조직에 해당한다.

7 계층 구조의 비교

문제분석 갑국은 C의 비율이 가장 높고, 을국과 병국은 모두 B의 비율이 가장 높다.

정답찾기 ② 을국이 피라미드형 계층 구조라면, A는 상층, B는 하층, C는 중층이다. 병국은 중층의 비율이 20%로 가장 낮다.

 ① 갑국이 다이아몬드형 계층 구조라면, C는 중층이고, A와 B는 각각 상층과 하층 중 하나이다. 따라서 을국에서 하층의 비율이 가장 높다고 단정할 수 없다.

③ 병국이 다이아몬드형 계층 구조라면, B는 중층이고, A와 C는 각각 상층과 하층 중 하나이다. 갑국의 경우 A의 비율과 C의 비율의 합은 60%이므로 B의 비율보다 높다.

④ A가 상층, B가 중층이라면, C는 하층이다. 이 경우 갑국은 피라미드형 계층 구조이고, 을국은 다이아몬드형 계층 구조이다.

⑤ B가 하층, C가 상층이라면, A는 중층이다. 중층의 비율은 을국이 20%, 병국이 30%이다.

8 사회 운동의 이해

 (가)는 '네이더리즘'이라는 미국의 소비자 운동으로, 사회 운동의 사례이다. (나)는 항공권 환불을 목표로 하는 소비자들의 일시적이고 개별적인 요구이므로 사회 운동의 사례로 보기 어렵다.

 ③ (가)는 사회 운동이므로 (나)와 달리 활동 방향을 정당화하는 이념을 바탕으로 체계적인 조직을 구성하고, 이를 바탕으로 구성원들의 역할 수행이 이루어진다.

 ① (가)에서는 참여자들 사이에 지속적인 상호 작용이 나타난다.

② (나)에서는 지속적이고 조직적인 계획이 나타나 있지 않다.

④ (가)는 (나)와 달리 사회 운동에 해당한다.

⑤ (가)는 (나)와 달리 소비자 운동을 이끌기 위한 '네이더 돌격대'와 같은 체계적인 조직을 바탕으로 이루어진다.

9 사회 보장 제도의 분석

 A는 사회 보험, B는 공공 부조, C는 사회 서비스이다. 〈자료 2〉를 바탕으로 (가) 지역과 (나) 지역의 수혜 가구 비율을 나타내면 다음과 같다.

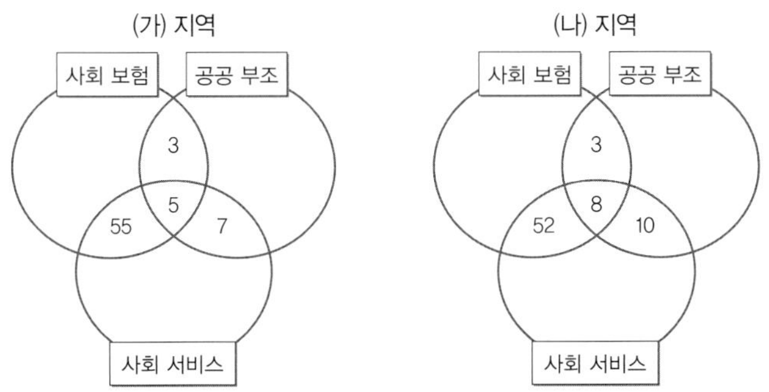

 ⑤ 공공 부조와 사회 서비스의 혜택을 모두 받지만 사회 보험의 혜택은 받지 않는 가구의 비율은 (가) 지역이 7%, (나) 지역이 10%로, (나) 지역이 (가) 지역보다 높다.

 ① 사회 보험은 공공 부조에 비해 사전 예방적 성격이 강하다.

② 공공 부조는 사회 서비스에 비해 소득 재분배 효과가 강하다.

③ 사회 보험은 상호 부조의 원리가 적용된다.

④ 사회 보험과 공공 부조의 혜택을 모두 받지만 사회 서비스의 혜택은 받지 않는 가구의 비율은 (가) 지역과 (나) 지역이 각각 3%로 같다.

10 인구 구성의 분석

 (노년 부양비/총부양비)는 {노년 인구/(노년 인구 + 유소년 인구)}를 의미한다. 제시된 자료를 바탕으로 t년과 t+50년에 인구 구성을 나타내면 다음과 같다.

(단위: %)

구분	t년	t+50년
유소년 인구(0~14세 인구)	30	30
부양 인구(15~64세 인구)	50	40
노년 인구(65세 이상 인구)	20	30

 ⑤ 총부양비는 t년이 100, t+50년이 150으로, t+50년이 t년의 1.5배이다.

 ① ㉠은 30, ㉡은 50으로, ㉡이 ㉠보다 크다.

② t년의 경우 노년 부양비는 40, 유소년 부양비는 60으로, 유소년 부양비가 노년 부양비보다 크다.

③ t+50년은 부양 인구가 노년 인구보다 많다.

④ 총인구는 t+50년이 t년의 2배이고, 유소년 인구 비율은 t년과 t+50년이 같다. 따라서 유소년 인구는 t+50년이 t년의 2배이다.

08회 미니모의고사

본문 32~35쪽

1 ④	2 ⑤	3 ⑤	4 ④
5 ④	6 ④	7 ③	8 ④
9 ④	10 ②		

1 일탈 이론의 이해

 A는 머튼의 아노미 이론, B는 낙인 이론, C는 차별 교제 이론이다.

 ④ 머튼의 아노미 이론은 일탈 행동을 규정하는 객관적인 기준이 존재한다고 보고, 낙인 이론은 일탈 행동을 규정하는 객관적인 기준이 없다고 본다.

 ① 일탈 행동이 학습에 의해 형성됨을 강조하는 이론은 차별 교제 이론이다.

② 문화적 목표와 제도적 수단 간의 괴리로 인해 일탈 행동이 발생한다고 보는 이론은 머튼의 아노미 이론이다.

③ 1차적 일탈이 2차적 일탈로 이어지는 과정에 주목하는 이론은 낙인 이론이다.

⑤ 낙인 이론과 차별 교제 이론은 모두 사람들 간의 상호 작용 과정이 일탈 행동에 미치는 영향을 중시한다.

2 양적 연구의 분석

문제분석　제시된 연구에서 독립 변수는 체험형 진로 활동 프로그램이고, 종속 변수는 진로 의식이다.

정답찾기　ㄷ. 양적 연구는 방법론적 일원론에 바탕을 두고 있다. ㄹ. 여학생의 진로 의식 향상 정도(8점)가 남학생의 진로 의식 향상 정도(4점)보다 크다.

오답피하기　ㄱ. 진로 의식 점수는 종속 변수의 조작적 정의에 해당한다.

ㄴ. 모집단은 ○○ 고등학교 학생들이 아닌 고등학생이다.

3 사회 집단과 사회 조직의 이해

문제분석　갑은 △△동 조기 축구회, 을은 ○○ 회사와 □□ 환경 보호 단체, 병은 △△동 조기 축구회와 □□ 환경 보호 단체, 정은 ◇◇ 대학교 부설 정보 보호 센터에 속해 있다.

정답찾기　⑤ 을, 병, 정은 각각 정보 보안, 환경 보호, 교육이라는 특정 목적 달성을 위해 모인 2차 집단에 속해 있다.

오답피하기　① 갑이 속한 △△동 조기 축구회와 을이 속한 □□ 환경 보호 단체는 자발적 결사체에 해당한다.

② 을과 정은 공식 조직에만 속해 있다.

③ 갑과 병이 함께 활동하고 있는 △△동 조기 축구회와 병이 활동하고 있는 □□ 환경 보호 단체는 모두 이익 사회에 해당한다.

④ 병이 속한 □□ 환경 보호 단체와 정이 속한 ◇◇ 대학교 부설 정보 보호 센터는 모두 공식 조직에 해당한다.

4 사회·문화 현상을 바라보는 관점의 이해

문제분석　A는 갈등론, B는 기능론, C는 상징적 상호 작용론이다.

정답찾기　④ 갈등론은 기능론, 상징적 상호 작용론과 달리 사회 규범이 지배 집단의 이익을 보장하기 위한 수단에 불과하다고 본다.

오답피하기　① 사회 문제를 병리적인 현상으로 간주하는 관점은 기능론이다.

② 계급 간 갈등으로 인해 사회가 필연적으로 변동할 수밖에 없다고 보는 관점은 갈등론이다.

③ 상징적 상호 작용론은 개인이 자신을 둘러싼 상황에 대한 자율적인 정의에 기초하여 능동적으로 행동하고 상호 작용한다고 본다.

⑤ '사회가 유기체와 본질적으로 동일한 특성을 지니고 있다고 보는가?'에 대한 갈등론과 상징적 상호 작용론의 응답은 각각 '아니요'이다. 따라서 해당 질문은 (가)에 들어갈 수 없다.

5 빈곤의 유형 이해

문제분석　A는 상대적 빈곤, B는 절대적 빈곤이다.

정답찾기　ㄱ. 모든 질문에 대해 옳게 답변하여 4점을 받았으므로 ㉠, ㉡은 모두 '예'이다.

ㄴ. 절대적 빈곤은 소득 수준이 낮은 국가뿐만 아니라 높은 국가에서도 나타날 수 있다.

ㄹ. 상대적 빈곤과 절대적 빈곤을 판단하는 기준은 시대에 따라 달라질 수 있다. 따라서 해당 질문이 (가)에 들어가면, ㉢은 '예'이다.

오답피하기　ㄷ. 전체 빈곤율은 절대적 빈곤율과 상대적 빈곤율의 합과 같지 않다.

6 문화 변동의 요인 이해

문제분석　A는 발명, B는 직접 전파, C는 자극 전파, D는 간접 전파, E는 발견이다.

정답찾기　④ 간접 전파는 상호 직접적인 인적 교류가 없는 상태에서 대중 매체 등의 매개체를 통해 이루어지는 전파이다.

오답피하기　① 물질문화와 비물질문화는 모두 발명될 수 있다.

② 중국 승려를 통해 우리나라로 불교가 전래된 것은 직접 전파의 사례이다.

③ 문자가 없던 체로키족이 알파벳에 착안하여 체로키 문자를 만들어 낸 것은 자극 전파의 사례이다.

⑤ 발견은 이미 존재하고 있었으나 알려지지 않았던 사물이나 원리 등을 찾아내는 것이다.

7 문화 이해 태도의 이해

문제분석　갑의 진술이 참이면 A는 자문화 중심주의이고, 을의 진술이 참이면 B는 문화 사대주의이며, 병의 진술이 거짓이면 C는 문화 상대주의이다.

정답찾기　ㄴ. 을의 진술만 거짓이면, 갑의 진술은 참이므로 A는 자문화 중심주의이다. 이때 병의 진술은 참이므로 C는 문화 사대주의이다. 따라서 B는 문화 상대주의이다. 문화 상대주의는 문화 사대주의와 달리 문화의 다양성 보존에 이바지한다.

ㄷ. 병의 진술만 거짓이면, C는 문화 상대주의이다. 이때 갑과 을의 진술은 모두 참이므로 A는 자문화 중심주의, B는 문화 사대주의이다. 문화 상대주의는 자문화 중심주의와 달리 각 사회의 맥락을 고려하여 문화를 이해한다.

오답피하기　ㄱ. 갑의 진술만 거짓이면, 을의 진술은 참이므로 B는 문화 사대주의이다. 이때 병의 진술은 참이므로 C는 자문화 중심주의이다. 따라서 A는 문화 상대주의이다. 문화 사대주의는 선진 문물의 수용을 촉진한다.

ㄹ. 갑~병의 진술이 모두 거짓이면, 병의 진술이 거짓이므로 C는 문화 상대주의이다. 이때 갑의 진술은 거짓이므로 A는 문화 사대주의이며, 을의 진술도 거짓이므로 B는 자문화 중심주의이다. 문화 사대주의는 자문화에 대한 자부심 강화에 기여하지 못한다.

8 순환론과 진화론의 이해

문제분석　A가 진화론, B가 순환론이라면, 갑의 진술만 옳다. 따라서 A는 순환론, B는 진화론이다.

정답찾기　④ 진화론은 사회 변동이 진보와 발전이라는 일정한 방향을 지닌다고 본다.

오답피하기　① 미래에 전개될 사회 변동 방향을 예측하여 대응하기 용이하다고 보는 이론은 진화론이다.

② 모든 사회가 이전보다 복잡하고 분화되는 양상으로 변동한다고 보는 이론은 진화론이다.

③ 순환론은 사회 변동 과정에서 인간의 자율성을 간과한다는 비판을 받는다.

⑤ 장기적인 측면에서 반복되는 사회 변동 과정을 설명하는 데 유용한 이론은 순환론이다.

9 사회 보장 제도의 분석

문제분석 (가)는 공공 부조, (나)는 사회 보험, (다)는 사회 서비스이다. 2000년에 갑국의 인구를 1,000명이라고 가정하여 제시된 자료를 바탕으로 제도별 수혜자 수를 나타내면 다음과 같다.

(단위: 명)

구분	2000년	2010년	2020년
공공 부조	90	88	121
사회 보험	300	385	484
사회 서비스	220	220	242
갑국 인구	1,000	1,100	1,210

정답찾기 ④ 갑국 인구 중 사회 보험에 해당하는 제도의 수혜자 비율 대비 사회 서비스에 해당하는 제도의 수혜자 비율은 2010년이 20/35, 2020년이 20/40이다.

오답피하기 ① 비금전적 지원을 원칙으로 하는 제도인 사회 서비스의 수혜자 수는 2000년과 2010년이 각각 220명으로 같다.
② 갑국 인구 중 상호 부조의 원리를 기반으로 하는 제도인 사회 보험의 수혜자 비율은 2000년이 30%, 2020년이 40%이다.
③ 대상자 선정에 따른 부정적 낙인이 발생할 수 있는 제도인 공공 부조의 수혜자 수는 2000년이 90명, 2010년이 88명이다.
⑤ 강제 가입을 원칙으로 하는 제도는 사회 보험이고, 빈곤층의 최저 생활 보장을 목적으로 하는 제도는 공공 부조이다. 공공 부조와 사회 보험 모두 갑국 인구 중 수혜자 비율은 2010년보다 2020년이 높다.

10 인구 구성의 분석

문제분석 t년의 경우 총부양비가 80이므로 $15 \sim 64$세 인구가 100명이면, $0 \sim 14$세 인구＋65세 이상 인구는 80명이다. 따라서 t년에 $0 \sim 14$세 인구＋$15 \sim 64$세 인구＋65세 이상 인구는 180명이다. t년에 전체 인구에서 $0 \sim 14$세 인구가 차지하는 비율이 30%이므로 $0 \sim 14$세 인구는 54명(＝180명×0.3)이다. 따라서 t년에 65세 이상 인구는 26명이나. t년에 $15 \sim 64$세 인구를 100명, $t+50$년에 $15 \sim 64$세 인구를 50명이라고 가정하여 제시된 자료를 바탕으로 연도별 인구 구성을 나타내면 다음과 같다.

(단위: 명)

구분	t년	$t+50$년
유소년 인구(0~14세 인구)	54	18
부양 인구(15~64세 인구)	100	50
노년 인구(65세 이상 인구)	26	22
총인구	180	90

정답찾기 ㄱ. 노년 부양비는 t년이 26{＝(26/100)×100}, $t+50$년이 44{＝(22/50)×100}이므로 $t+50$년이 t년에 비해 크다.
ㄹ. 전체 인구에서 65세 이상 인구가 차지하는 비율은 t년이 (26/180)×100, $t+50$년이 (22/90)×100으로, t년이 $t+50$년에 비해 낮다.

오답피하기 ㄴ. 유소년 부양비는 t년이 54{＝(54/100)×100}, $t+50$년이 36{＝(18/50)×100}이므로 $t+50$년이 t년에 비해 작다.
ㄷ. $0 \sim 14$세 인구와 65세 이상 인구 모두 $t+50$년이 t년에 비해 적다.

09회 미니모의고사

본문 36~39쪽

1 ②	**2** ⑤	**3** ④	**4** ②
5 ⑤	**6** ①	**7** ④	**8** ⑤
9 ④	**10** ④		

1 사회·문화 현상을 바라보는 관점의 이해

문제분석 갑의 관점은 갈등론, 을의 관점은 상징적 상호 작용론, 병의 관점은 기능론이다.

정답찾기 ② 상징적 상호 작용론은 미시적 관점으로 개인의 행위를 구속하는 사회 체계의 힘을 간과한다는 비판을 받는다.

오답피하기 ① 인간이 자율성을 지닌 능동적인 존재임을 강조하는 관점은 상징적 상호 작용론이다.
③ 사회 질서가 상징에 기초한 개인 간 상호 작용을 통해 형성된다고 보는 관점은 상징적 상호 작용론이다.
④ 기능론은 기득권층의 이익을 대변하는 논리로 이용된다는 비판을 받는다.
⑤ 기능론과 갈등론은 모두 거시적 관점에 해당한다.

2 양적 연구의 분석

문제분석 제시된 연구는 고등학생의 봉사심이 학교생활 및 학업에 미치는 영향을 알아보기 위한 양적 연구이다.

정답찾기 ㄴ. 봉사 활동 시간이 '많음'인 고등학생 중 학교생활 만족도가 '높음'인 고등학생 비율은 (370/710)×100, 봉사 활동 시간이 '적음'인 고등학생 중 학교생활 만족도가 '높음'인 고등학생 비율은 (180/490)×100이므로 〈가설 1〉은 수용된다. 봉사 활동 시간이 '많음'인 고등학생 중 학업 성취도가 '높음'인 고등학생 비율은 (400/710)×100, 봉사 활동 시간이 '적음'인 고등학생 중 학업 성취도가 '높음'인 고등학생 비율은 (210/490)×100이므로 〈가설 2〉도 수용된다.
ㄷ. 지난 1년 동안의 봉사 활동 시간은 독립 변인인 봉사심을 조작적으로 정의한 것이고, 1학기 말 영어, 수학 성적은 종속 변인인 학업 성취도를 조작적으로 정의한 것이다.
ㄹ. 갑은 질문지법을 활용하여 자료를 수집하였으므로 구조화된 자료 수집 방법을 활용하였다.

오답피하기 ㄱ. 양적 연구는 방법론적 일원론을 바탕으로 한다.

3 사회·문화 현상과 자연 현상의 이해

문제분석 ㉠, ㉡과 같은 현상은 사회·문화 현상, ㉢, ㉣과 같은 현상은 사연 현상에 해당하나.

정답찾기 ④ 정은 '보편성과 특수성이 공존하는가?'라는 질문에 대해 ○○××라고 답했으므로 옳게 응답하였다.

오답피하기 ① 해당 질문에 대해 ××○○로 답해야 한다.
② 해당 질문에 대해 ○○××로 답해야 한다.
③ 해당 질문에 대해 ××○○로 답해야 한다.
⑤ 해당 질문에 대해 ○○○○로 답해야 한다.

4 일탈 이론의 이해

문제분석 A는 머튼의 아노미 이론, B는 차별 교제 이론, C는 낙인 이론이다.

정답찾기 ㄱ. 낙인 이론은 1차적 일탈이 낙인으로 인해 발생하는 2차적 일탈로 이어지는 과정에 주목한다.

ㄹ. 일탈 행동의 대책으로 일탈자와의 접촉 차단을 강조하는 이론은 차별 교제 이론이다. 따라서 해당 질문은 (가)에 들어갈 수 있다.

오답피하기 ㄴ. 차별 교제 이론은 타인과의 상호 작용이 일탈 행동에 미치는 영향을 중시한다.

ㄷ. 낙인 이론은 차별적 제재를 일탈 행동의 원인으로 본다.

5 사회 집단과 사회 조직의 이해

문제분석 ○○ 고등학교, △△ 대학교, □□ 경제 문제 연구소, ◇◇ 회사는 공식 조직이자 2차 집단이다. ○○ 고등학교와 △△ 대학교는 공식적 사회화 기관이고, □□ 경제 문제 연구소와 ◇◇ 회사는 비공식적 사회화 기관이다.

정답찾기 ㄷ. 제시된 자료에서 1차 집단은 파악할 수 없으며, ○○ 고등학교, △△ 대학교, □□ 경제 문제 연구소, ◇◇ 회사는 모두 2차 집단이다.

ㄹ. 사회화를 목적으로 설립된 공식적 사회화 기관은 ○○ 고등학교와 대학교 2개이다.

오답피하기 ㄱ. 제시된 자료에서 비공식 조직은 파악할 수 없다.

ㄴ. 제시된 자료에서 자발적 결사체는 파악할 수 없다.

6 문화 이해 태도의 이해

문제분석 〈카드 A〉는 자문화 중심주의, 〈카드 B〉는 문화 사대주의, 〈카드 C〉는 문화 상대주의에 대한 내용이 적혀 있다. 〈카드 D〉에는 자문화 중심주의와 문화 사대주의 모두에 해당하는 내용이지만 문화 상대주의에는 해당하지 않는 내용이 적혀 있어야 한다.

정답찾기 ① 자문화 중심주의와 문화 사대주의는 모두 문화 간에 우열이 있다고 본다. 따라서 해당 내용이 적힌 카드를 갑이 가지게 될 경우 '자문화 중심주의!'라고 외치면 승리하고, 을이 가지게 될 경우 '문화 사대주의!'라고 외치면 승리할 수 있다. 병이 가지게 될 경우 '문화 상대주의!'라고 외칠 수 없게 되므로 승리할 수 없다.

오답피하기 ② 자기 문화의 고유성과 우월성을 강조하는 태도는 자문화 중심주의이다.

③ 선진 문물의 수용에 가장 적극적인 태도는 문화 사대주의이다. 이 내용이 적힌 카드를 배부받을 경우 승리할 수 있는 사람은 을뿐이다.

④ 문화를 우열 평가의 대상이 아닌 이해의 대상으로 보는 태도는 문화 상대주의이다. 이 내용이 적힌 카드를 배부받을 경우 승리할 수 있는 사람은 병이다.

⑤ 극단적일 경우 인류의 보편적 가치를 훼손하는 태도라는 비판을 받기도 하는 태도는 문화 상대주의이다. 이 내용이 적힌 카드를 배부받을 경우 승리할 수 있는 사람은 병이다.

7 사회 이동과 계층 구조의 이해

문제분석 부모 세대의 계층 구조는 모래시계형이고, 자녀 세대의 계층 구조는 다이아몬드형이다.

정답찾기 ④ 다이아몬드형 계층 구조가 모래시계형 계층 구조보다 사회 통합에 유리하다.

오답피하기 ① 자녀 세대는 다이아몬드형 계층 구조이다.

② 다이아몬드형 계층 구조와 모래시계형 계층 구조만으로 폐쇄적 계층 구조라고 단정할 수 없다.

③ 세대 간 상승 이동 비율이 세대 간 하강 이동 비율보다 크다.

⑤ 부모 세대 계층 대비 부모 세대와 자녀 세대의 계층 일치 비율은 상층이 $(3/13) \times 100$, 중층이 $(5/7) \times 100$, 하층이 $(4/16) \times 100$으로 상층이 가장 작다.

8 사회 보장 제도의 분석

문제분석 (가) 제도는 사회 보험인 국민연금, (나) 제도는 공공 부조인 국민 기초 생활 보장 제도이고, 'A 지역 인구 : B 지역 인구 : C 지역 인구 : D 지역 인구'는 '4 : 2 : 1 : 1'이다. A 지역의 인구를 400명이라고 가정하면 각 지역의 수급자 수는 다음과 같다.

(단위: 명)

구분	A 지역 (400명)	B 지역 (200명)	C 지역 (100명)	D 지역 (100명)	전체 (800명)
(가) 제도	36	12	7	9	64
(나) 제도	100	68	35	37	240
(가)와 (나) 중복 수급자	24	8	3	5	40

정답찾기 ⑤ 선별적 복지의 성격이 강한 제도는 (나) 제도, 보편적 복지의 성격이 강한 제도는 (가) 제도이다. (나) 제도 대비 (가) 제도의 수급자 수의 비(比)는 A 지역이 36/100, B 지역이 12/68이므로 A 지역이 B 지역보다 크다.

오답피하기 ① ㉠은 '6', ㉡은 '34'이다.

② 갑국 전체의 (나) 제도 수급자 수는 240명, (가) 제도 수급자 수는 64명이다.

③ 갑국 전체의 (가) 제도와 (나) 제도의 중복 수급자 수는 40명이므로 D 지역 중복 수급자 수인 5명의 7배를 넘는다.

④ 수익자 부담의 원칙이 적용되는 제도는 (가) 제도이다. (가) 제도의 경우 B 지역 수급자 수는 12명, C 지역 수급자 수는 7명이다.

9 사회 운동의 이해

문제분석 (가)는 사회 운동에 해당하지 않고, (나)는 사회 운동에 해당한다.

정답찾기 ㄴ. (나)는 뚜렷한 목표(재생 에너지 확대, 탄소 중립 실천)와 이를 달성하기 위한 구체적인 방법과 활동(기자 회견, 캠페인, 국제 포럼)이 나타난다.

ㄹ. 자신의 신념을 정당화하려는 지속적인 행동이 나타나는 것은 사회 운동의 특징이다.

오답피하기 ㄱ. 사회 변화를 목적으로 하는 다수의 지속적인 행동은 사회 운동의 특징이다.

ㄷ. 조직적인 역할 분담 체계를 바탕으로 집단적 행동이 나타나는 것은 사회 운동의 특징이다.

10 인구 구성의 분석

문제분석 A 지역의 경우 총부양비가 100이므로 부양 인구 비율은 50%이고, 유소년 인구 비율이 30%이므로 노인 인구 비율은 20%이다. B 지역의 경우 총부양비가 25이므로 부양 인구 비율이 80%이고, 유소년 인구 비율이 15%이므로 노인 인구 비율이 5%이다. A 지역 유소년 인구 비율과 전체 유소년 인구 비율 간 격차가 5%p이고, B 지역 유소년 인구 비율과 전체 유소년 인구 비율 간 격차가 10%p이므로 A 지역 인구는 B 지역 인구의 2배이다. 갑국의 전체 인구를 300명이라고 가정하여 제시된 자료를 바탕으로 인구 구성을 나타내면 다음과 같다.

(단위: 명)

구분	A 지역	B 지역	전체
유소년 인구	60	15	75
부양 인구	100	80	180
노년 인구	40	5	45
전체	200	100	300

정답찾기 ④ 부양 인구는 A 지역이 100명, B 지역이 80명이다.

오답피하기 ① ㉠은 약 67$\{=(120/180) \times 100\}$, ㉡은 약 67$\{=(40/60) \times 100\}$이다.

② ㉢은 약 33$\{=(5/15) \times 100\}$, ㉣은 60$\{=(45/75) \times 100\}$이다.

③ 갑국 인구에서 노년 인구가 차지하는 비율은 15%로 고령 사회에 해당한다.

⑤ 노년 인구는 A 지역이 40명, B 지역이 5명이다.

10회 미니모의고사

본문 40~43쪽

1 ③	2 ⑤	3 ④	4 ③
5 ⑤	6 ④	7 ④	8 ③
9 ⑤	10 ④		

1 사회 집단과 사회 조직의 이해

문제분석 A는 공식 조직, B는 자발적 결사체, C는 이익 사회이다.

정답찾기 ㄴ. 모든 비공식 조직은 자발적 결사체에 해당한다.

ㄷ. A의 사례로 공식 조직인 △△ 노동조합을 추가하고, B의 사례로 자발적 결사체인 대학교 총동창회를 추가했다면, 학생의 총점은 10점이다.

오답피하기 ㄱ. A는 공식 조직, B는 자발적 결사체, C는 이익 사회이다.

ㄹ. 공식 조직은 이익 사회에도 해당한다. 이익 사회 중 형식적 관계가 지배적인 사회 집단도 존재한다.

2 일탈 이론의 이해

문제분석 〈카드 1〉과 〈카드 3〉에는 뒤르켐의 아노미 이론에 해당하는 내용이, 〈카드 2〉와 〈카드 4〉에는 낙인 이론에 해당하는 내용이 적혀 있다.

정답찾기 ⑤ 갑이 낙인 이론을, 을이 뒤르켐의 아노미 이론을 부여받았고, (가)가 〈카드 3〉, (나)가 〈카드 1〉이라면, 을이 획득한 점수는 2점으로 0점인 갑의 점수보다 높다.

오답피하기 ① 갑이 낙인 이론을 부여받았다면, 〈카드 1〉이 뒤르켐의 아노미 이론에 해당하는 내용이므로 최대 1점을 획득할 수 있다.

② 을이 뒤르켐의 아노미 이론을 부여받았다면, (나)가 〈카드 1〉일 경우 2점을 획득할 수 있다.

③ 갑이 뒤르켐의 아노미 이론을 부여받았고 (가)가 〈카드 2〉라면, 갑은 1점을 획득한다.

④ 을이 낙인 이론을 부여받았고 (나)가 〈카드 4〉라면, 을은 1점을 획득한다.

3 자료 수집 방법의 이해

문제분석 A는 참여 관찰법, B는 질문지법, C는 면접법이다.

정답찾기 ④ 참여 관찰법은 질문지법에 비해 시간과 비용 측면에서 비효율적이다. 면접법은 질문지법에 비해 조사자와 조사 대상자의 정서적 유대 관계가 중시된다. 면접법과 참여 관찰법은 모두 자료 수집 과정에서 연구자의 주관적 가치가 개입될 수 있다. 질문지법은 면접법과 참여 관찰법에 비해 구조화·표준화된 자료 수집 방법이나.

4 문화 이해 태도의 이해

문제분석 갑의 설명이 옳다면 C는 문화 상대주의이고, 이 경우 병의 설명 또한 옳다. 따라서 옳게 설명한 사람은 을이고, C는 문화 상대주의가 될 수 없으며, B는 자문화 중심주의이다. 즉, A는 문화 상대주의, B는 자문화 중심주의, C는 문화 사대주의이다.

정답찾기 ③ 자문화 중심주의는 자기 문화가 우월하다고 여겨 자기 문화를 다른 사회로 이식하는 것을 정당화할 우려가 크다.

오답피하기 ① ㉠은 '을'이다.

② 국수주의를 초래할 가능성이 높은 태도는 자문화 중심주의이다.

④ 특정 문화를 기준으로 각 사회의 문화를 평가하는 태도는 문화 사대주의와 자문화 중심주의이다.

⑤ 자문화 중심주의는 타 문화 수용에 부정적이다.

5 사회·문화 현상을 바라보는 관점의 이해

문제분석 B는 기능론이고, A와 C는 각각 갈등론과 상징적 상호 작용론 중 하나이다.

정답찾기 ⑤ C가 갈등론이라면 A는 상징적 상호 작용론이다. 상징적 상호 작용론은 개인이 각자의 주관에 따라 다양한 사회상을 만들어 낸다고 본다. 따라서 해당 질문은 (가)에 들어갈 수 있다.

오답피하기 ① 사회 제도를 계급 재생산을 위한 수단으로 보는 관점은 갈등론이다.

② A가 상징적 상호 작용론이라면 C는 갈등론이다. 사회 규범이 사회 전체의 합의를 통해 형성된다고 보는 관점은 기능론이다.

③ 기능론은 거시적 관점에서 사회·문화 현상을 바라본다. 따라서 해당 질문은 (가)에 들어갈 수 없다.

④ (가)가 '사회적 희소가치를 둘러싼 집단 간 이해관계의 대립을 강조하는가?'라면, A는 갈등론, C는 상징적 상호 작용론이다. 상징적 상호 작용론은 행위자의 능동성을 중시한다.

6 주류 문화, 하위문화, 반문화의 이해

문제분석 T 시기와 T+1 시기에는 a, T+2 시기에는 a, c가 모든 지역에서 해당 지역의 대다수 주민들이 향유하는 문화 요소이다.

정답찾기 ㄱ. T 시기에 a는 ○○국에 거주하는 대다수 사람들이 향유하는 문화 요소이므로 ○○국의 주류 문화 요소에 해당한다.

ㄴ. T+1 시기에 을 지역에서만 반문화 요소인 e가 나타났다.

ㄹ. ○○국의 주류 문화 요소는 T+1 시기에 a, T+2 시기에 a, c이다. 따라서 T+2 시기에는 T+1 시기보다 주류 문화 요소가 다양해졌다.

오답피하기 ㄷ. T+1 시기에 b, d는 갑 지역과 병 지역의 구성원들만 향유하므로 ○○국의 하위문화 요소이다.

7 사회적 소수자의 이해

문제분석 갑국 출신 결혼 이민 여성들은 자국에서 살던 시절에는 사회적 소수자의 지위가 아니었지만, 을국에서는 사회적 소수자의 지위에 있다. A 부족과 B 부족 사이에서는 A 부족이 사회적 소수자의 지위에 있지만, A 부족과 C 부족 사이에서는 C 부족이 사회적 소수자의 지위에 있다.

정답찾기 ④ 두 사례 모두 어떤 집단이 사회적 소수자로 규정되는지의 여부는 사회적 상황에 따라 달라질 수 있음을 보여 준다.

오답피하기 ① 사회적 소수자는 수적으로 반드시 소수를 의미하는 것은 아니다.

② 두 사례에서 집합적 정체성과 관련된 내용은 찾아볼 수 없다.

③ 두 사례 모두 사회적 소수자의 지위에서 벗어나는 방법에 대해서는 언급하지 않았다.

⑤ 첫 번째 사례를 통해 개인적 능력이 부족하여 사회적 소수자로 규정되는 것은 아님을 알 수 있다.

8 인구 구성의 분석

문제분석 a=40, b=40, c=20이다. t년에 유소년 부양비가 50이므로 a는 부양 인구, c는 유소년 인구, b는 노년 인구이다. 각 연도의 총인구를 각각 100x명, 100y명, 100z명이라고 가정하여 제시된 자료를 바탕으로 인구 구성을 나타내면 다음과 같다.

(단위: 명)

구분	t년	t+50년	t+100년
0~14세 인구	30x	20y	20z
15~64세 인구	60x	50y	40z
65세 이상 인구	10x	30y	40z

노년 인구비가 t년 : t+50년 : t+100년=2 : 3 : 6이므로 x : y : z=4 : 2 : 3이다. 이를 바탕으로 t년의 총인구를 400명이라고 가정하여 인구 구성을 나타내면 다음과 같다.

(단위: 명)

구분	t년	t+50년	t+100년
0~14세 인구	120	40	60
15~64세 인구	240	100	120
65세 이상 인구	40	60	120
총인구	400	200	300

정답찾기 ③ 노령화 지수는 t년이 100/3, t+100년이 200이므로 t+10년이 t년의 6배이다.

오답피하기 ① 노년 인구는 t년이 40명, t+50년이 60명, t+100년이 120명이므로 지속적으로 증가하였다.

② 총인구는 t+50년이 200명, t+100년이 300명이다.

④ 총인구에서 부양 인구가 차지하는 비중은 t년이 (3/5)×100, t+50년이 (1/2)×100, t+100년이 (2/5)×100으로, t년이 가장 높다.

⑤ 총인구에서 유소년 인구를 제외한 인구는 t년이 280명, t+50년이 160명이다.

9 사회 운동의 이해

문제분석 (가)는 사형 제도 폐지 운동, (나)는 프랑스 혁명으로, 이는 모두 사회 운동에 해당한다.

정답찾기 ⑤ 사형 제도 폐지 운동은 인권 운동 단체와 같은 조직적 체계와 생명권 수호라는 이념을 가진 사회 운동이다. 프랑스 혁명도 조직적 체계와 인간 존엄성, 자유, 평등이라는 이념을 가진 사회 운동이다.

오답피하기 ① 현재의 사회 구조 전체를 근본적으로 바꾸려는 사회 운동은 프랑스 혁명이다.

② 프랑스 혁명으로 절대 왕정이 무너졌으므로 과거의 사회로 돌아가려는 사회 운동이라고 볼 수 없다.

③ 사형 제도 폐지 운동과 프랑스 혁명은 모두 기존 사회 제도에 변화를 주려는 사회 운동이다.

④ 사형 제도 폐지 운동과 프랑스 혁명은 모두 사회 제도를 개선하고자 하는 사회 운동이다.

10 사회 보장 제도의 분석

문제분석 (가)는 공공 부조인 국민 기초 생활 보장 제도, (나)는 사회 보험인 산업 재해 보상 보험이다. A 지역 인구를 200명이라고 가정하면, B, C 지역 인구는 각각 100명이고, 갑국 전체는 400명이므로 제시된 자료를 바탕으로 지역별 (가), (나) 제도의 수급 상황을 나타내면 다음과 같다.

구분	A 지역(200명)	B 지역(100명)	C 지역(100명)	전체(400명)
(가)	6%(12명)	8%(8명)	4%(4명)	6%(24명)
(나)	15%(30명)	㉠ 60%(60명)	㉡ 30%(30명)	30%(120명)

정답찾기 ④ 선별적 복지 성격이 강한 제도인 (가)의 갑국 전체 수급자 수는 24명, 보편적 복지 성격이 강한 제도인 (나)의 B 지역 수급자 수는 60명이다.

오답피하기 ① ㉠은 60, ㉡은 30이므로 ㉠이 ㉡보다 크다.
② 사후 처방적 성격이 강한 제도인 (가)의 B 지역 수급자 수는 8명, A 지역 수급자 수는 12명이다.
③ 공공 부조에 해당하는 제도의 수급자 수 대비 사회 보험에 해당하는 제도의 수급자 수는 C 지역이 30/4, B 지역이 60/8이다.
⑤ 상호 부조의 원리가 적용되는 제도인 (나)의 A와 B 지역 간 수급자 수 차이는 30명, B와 C 지역 간 수급자 수 차이는 30명이다.

11회 미니모의고사

본문 44~47쪽

1 ④	**2** ④	**3** ⑤	**4** ⑤
5 ①	**6** ③	**7** ③	**8** ③
9 ②	**10** ⑤		

1 사회·문화 현상과 자연 현상의 이해

문제분석 ㉠, ㉡, ㉢과 같은 현상은 자연 현상, ㉣과 같은 현상은 사회·문화 현상에 해당한다.

정답찾기 ④ 사회·문화 현상은 자연 현상과 달리 확률의 원리가 적용된다.

오답피하기 ① 자연 현상은 몰가치적이다.
② 자연 현상은 존재 법칙을 따른다.
③ 사회·문화 현상은 개연성으로 설명된다.
⑤ 자연 현상은 보편성이 강하게 나타난다.

2 양적 연구의 분석

문제분석 제시된 연구는 실험법을 활용한 양적 연구이다.

정답찾기 ㄴ. 동기 부여와 스트레스는 모두 종속 변인에 해당한다.
ㄹ. 선배와의 멘토링 실시 후 실험 집단의 남학생은 스트레스 지수가 낮아졌고, 여학생은 스트레스 지수가 높아졌으므로 〈가설 2〉는 기각되었고, 〈가설 1〉은 수용되었다. 선배와의 멘토링 실시 후 통제 집단과 달리 실험 집단만 동기 부여 지수 점수가 남, 여 모두 상승하였다. 따라서 (가)에는 '선배와의 멘토링은 고등학생의 동기 부여를 향상시킬 것이다.'가 들어갈 수 있다.

오답피하기 ㄱ. A 집단은 실험 집단, B 집단은 통제 집단이다.
ㄷ. 스트레스 변인의 경우 사전 검사에 비해 사후 검사에서 A 집단의 남학생은 스트레스 지수가 낮아졌고, A 집단의 여학생은 스트레스 지수가 높아졌다. 따라서 여학생과 남학생은 모두 선배와의 멘토링으로부터 영향을 받았다.

3 사회·문화 현상을 바라보는 관점의 이해

문제분석 A는 갈등론, B는 기능론, C는 상징적 상호 작용론이다.

정답찾기 ⑤ 상황에 대한 개인의 주관적인 의미 부여를 강조하는 관점은 상징적 상호 작용론이다. 따라서 해당 질문은 (가)에 들어갈 수 없다.

오답피하기 ① ㉠에 대한 A, B의 응답은 '예', ㉡에 대한 A, C의 응답은 '아니요'이다.
② 기존 질서나 권력 관계의 유지에 기여하는 보수적 관점이라는 평가를 받는 관점은 기능론이다.
③ 사회 질서가 지배 계급의 강요에 의해 나타난 결과라고 보는 관점은 갈등론이다.
④ 사회 각 부분이 유기적으로 연결되어 하나의 체계를 이루고 있다고 전제하는 관점은 기능론이다.

4 주류 문화, 하위문화, 반문화의 이해

문제분석 C가 주류 문화가 아니라면 갑과 을은 옳지 않게 설명한 것이 된다. 따라서 C는 주류 문화이다. 이 경우 B가 하위문화가 아니라면 갑과 정이 옳지 않게 설명한 것이 된다. 따라서 A는 반문화, B는 하위문화이고, (가)에는 옳지 않은 설명이 들어가야 한다.

정답찾기 ⑤ 반문화는 사회가 변화하면서 주류 문화가 될 수 있다. 따라서 해당 내용은 (가)에 들어갈 수 없다.

오답피하기 ① 사회의 지배적 가치에 저항하는 것은 반문화이다.
② 하위문화와 반문화는 모두 한 사회 내 특정 집단의 생활 양식이다.
③ 하위문화와 주류 문화는 모두 해당 문화를 공유하는 구성원들에게 정체성을 제공한다.
④ ㉠은 병이다.

5 사회 집단과 사회 조직의 이해

문제분석 ㉠은 이익 사회, 공식 조직, ㉡은 이익 사회, 공식 조직, 자발적 결사체, ㉢은 공동 사회, ㉣은 이익 사회, 공식 조직, 자발적 결사체, ㉤은 이익 사회, 공식 조직, ㉥은 이익 사회, 자발적 결사체에 해당한다. 따라서 A는 이익 사회, B는 공식 조직, C는 자발적 결사체, D는 공동 사회이다.

정답찾기 ㄱ. B는 공식 조직이므로 (가)에는 ㉠, ㉡, ㉣, ㉤이 들어간다.
ㄴ. ㉠~㉥ 중 ㉥만 비공식 조직에 해당하므로 1개이다.

오답피하기 ㄷ. C는 자발적 결사체, D는 공동 사회이다.
ㄹ. 공동 사회는 구성원 간 전인격적 관계가 중시된다.

6 일탈 이론의 이해

문제분석 첫 번째 징검다리 돌은 낙인 이론에만 해당하므로 1점, 두 번째 징검다리 돌은 차별 교제 이론과 낙인 이론 모두에 해당하므로 4점, 네 번째 징검다리 돌은 머튼의 아노미 이론에만 해당하므로 2점, 다섯 번째 징검다리 돌은 낙인 이론에만 해당하므로 1점, 일곱 번째 징검다리 돌은 차별 교제 이론에만 해당하므로 3점, 여덟 번째 징검다리 돌은 머튼의 아노미 이론에만 해당하므로 2점을 부여받게 된다.

정답찾기 ㄴ. 주사위를 던진 결과 '2 → 5 → 3'이 나왔다면, 각각 4점, 3점, 4점을 받게 되므로 점수의 합은 11점이다.

ㄷ. '1 → 1 → 3'은 모두 낙인 이론에 해당하는 내용이 들어간 주사위 조합이다.

오답피하기 ㄱ. 첫 번째 세트의 주사위 결과가 갑의 경우 '3 → 4 → 1'로 던지게 되면 총 9점(=4점+3점+2점), 을의 경우 '1 → 3 → 4'로 던지게 되면 총 5점(=1점+2점+2점)을 얻게 된다.

ㄹ. 두 번째 세트에서 갑의 경우 '2 → 1 → 3'으로 던지게 되면 총 9점(=4점+4점+1점), 을의 경우 '3 → 3 → 1'로 던지게 되면 총 8점(=4점+1점+3점)을 얻게 된다.

7 정보 사회의 특징 이해

문제분석 관료제 조직은 산업 사회에서 지배적인 수직적 조직 형태이고, 탈관료제 조직은 정보 사회에서 확산되고 있는 새로운 조직 형태이다.

정답찾기 ㄴ. 정보 통신 기술을 활용한 재택근무 등이 증가하는 정보 사회는 산업 사회에 비해 가정과 일터의 결합 정도가 높다.

ㄷ. 쌍방향 정보 전달을 특징으로 하는 정보 사회의 매체는 일방향 정보 전달을 특징으로 하는 산업 사회의 매체에 비해 정보 제공자와 수용자 간의 구분이 모호하다.

오답피하기 ㄱ. 산업 사회는 소품종 대량 생산 방식의 비중이 높고, 정보 사회는 다품종 소량 생산 방식의 비중이 높다.

ㄹ. 규약의 엄격한 준수와 과업의 분업화를 중시하는 조직은 산업 사회에서 지배적으로 나타났던 관료제 조직이다.

8 인구 구성의 분석

문제분석 A 지역 15~64세 인구를 100명이라고 가정하여 제시된 자료를 바탕으로 지역별 인구 구성을 나타내면 다음과 같다.

구분	A 지역	B 지역	전체
0~14세 인구(명)	30	66	96
15~64세 인구(명)	100	200	300
65세 이상 인구(명)	14	40	54
합계(명)	144	306	450
유소년 부양비	30	33	32
전체 인구 중 65세 이상 인구 비율(%)	약 9.7	약 13.1	12

정답찾기 ③ 15~64세 인구 1명당 65세 이상 인구는 B 지역(40/200)이 A 지역(14/100)보다 크다.

오답피하기 ① 15~64세 인구는 A 지역(100명)이 B 지역(200명)보다 적다.

② 유소년 부양비는 A 지역(30)이 B 지역(33)보다 작다.

④ 전체 인구 중 65세 이상 인구 비율은 갑국 전체, A 지역, B 지역 모두 7% 이상이면서 14%보다 작으므로 고령화 사회이다.

⑤ A 지역 대비 B 지역의 인구의 비(比)는 0~14세 인구(66/30)가 65세 이상 인구(40/14)보다 작다.

9 순환론과 진화론의 이해

문제분석 A가 순환론, B가 진화론이면, ㉠은 을과 병이고, A가 진화론, B가 순환론이면, ㉠은 갑과 병이다.

정답찾기 ㄱ. A가 사회를 유기체와 마찬가지로 생성, 성장, 쇠퇴, 소멸의 과정을 반복한다고 보는 순환론이면, ㉠은 을과 병이다.

ㄷ. '사회가 시간이 흐름에 따라 흥망성쇠를 거듭한다.'가 (가)에 들어가면, A는 진화론, B는 순환론이고, ㉠은 갑과 병이다.

오답피하기 ㄴ. B가 사회 변동을 진보의 과정으로 이해하는 진화론이면, ㉠은 을과 병이다.

ㄹ. 갑이 ㉠에 포함되면, B는 순환론이고, (가)에는 순환론에 대한 진술이 들어갈 수 있다. 사회 변동이 일정한 방향을 가진다고 보는 이론은 진화론이다. 따라서 해당 진술은 (가)에 들어갈 수 없다.

10 사회 보장 제도의 분석

문제분석 (가)는 공공 부조인 기초 연금 제도, (나)는 사회 보험인 노인 장기 요양 보험 제도이다. A 지역 인구와 C 지역 인구는 각각 B 지역 인구의 0.5배이므로 B 지역 인구를 200명이라고 가정하여 제시된 자료를 바탕으로 지역별 수급자 수를 나타내면 다음과 같다.

(단위: 명)

구분	A 지역	B 지역	C 지역	전체
인구	100	200	100	400
기초 연금 제도 수급자 수	5	12	3	20
노인 장기 요양 보험 제도 수급자 수	4	16	8	28

정답찾기 ⑤ 사후 처방적 성격이 강한 제도인 기초 연금 제도의 갑국 전체 수급자 수(20명)는 사전 예방적 성격이 강한 제도인 노인 장기 요양 보험 제도의 C 지역 수급자 수(8명)의 2.5배이다.

오답피하기 ① ㉠은 6, ㉡은 7로, ㉡이 ㉠보다 크다.

② 강제 가입을 원칙으로 하는 제도인 노인 장기 요양 보험 제도의 수급자 수는 A 지역(4명)이 B 지역(16명)보다 적다.

③ 상호 부조의 원리를 기반으로 하는 제도인 노인 장기 요양 보험 제도의 수급자 수는 C 지역(8명)이 A 지역(4명)의 2배이다.

④ 정부 재정으로 비용 전액을 충당하는 제도인 기초 연금 제도의 수급자 수는 B 지역(12명)이 C 지역(3명)의 4배이다.

12회 미니모의고사

1 ①	2 ②	3 ①	4 ②
5 ⑤	6 ⑤	7 ③	8 ②
9 ②	10 ⑤		

1 사회·문화 현상을 바라보는 관점의 이해

문제분석 A는 기능론, B는 상징적 상호 작용론, C는 갈등론이다.

정답찾기 ① 기능론은 갈등론과 달리 현존하는 사회 질서를 옹호함으로써 기득권층의 이익을 대변한다는 비판을 받는다.

오답피하기 ② 거시적 관점인 기능론과 갈등론은 사회 구조가 개인의 행위를 강제한다고 본다.
③ 사회 문제가 발생한 상황을 예외적인 상황으로 이해하는 관점은 기능론이다.
④ 상징적 상호 작용론은 행위자의 자율성과 능동성을 중시한다. 따라서 해당 질문은 (가)에 들어갈 수 없다.
⑤ 기능론은 사회 각 요소 간의 기능적 의존 관계를 중시한다. 따라서 해당 질문은 (나)에 들어갈 수 없다.

2 일탈 이론의 이해

문제분석 A는 차별 교제 이론, B는 낙인 이론, C는 머튼의 아노미 이론이다.

정답찾기 ② 낙인 이론은 일탈자라는 부정적인 낙인과 이를 수용하는 과정, 즉 일탈자가 되어 가는 내면적 과정에 초점을 맞춘다.

오답피하기 ① 부정적 자아의 형성 과정에 주목하는 이론은 낙인 이론이다.
③ 차별적인 제재를 일탈 행동의 원인으로 보는 이론은 낙인 이론이다.
④ 일탈자와의 상호 작용을 통한 일탈의 학습 과정을 중시하는 이론은 차별 교제 이론이다.
⑤ 차별 교제 이론과 머튼의 아노미 이론은 모두 일탈을 규정하는 객관적인 기준이 있다고 본다.

3 양적 연구의 분석

문제분석 제시된 연구는 청소년의 봉사 활동 지속성과 청소년의 인성 사이의 상관관계를 밝히려는 양적 연구이다.

정답찾기 ① 분석 결과 청소년의 봉사 활동 지속 정도에 따라 지속성이 높은 집단의 관용 정신 지수보다 낮은 집단의 관용 정신 지수가 높았으므로 ㉠은 기각되었다. 봉사 활동의 지속 정도와 공동체 의식 지수는 통계적으로 유의미한 양(+)의 상관관계가 있는 것으로 나타났으므로 ㉡은 수용되었다.

오답피하기 ② ㉢과 ㉣은 모두 종속 변인에 해당한다.
③ 실험 집단은 실험법에서 사용되는 개념이다.
④ ㉤과 ㉥은 모두 1차 자료를 분석하여 얻은 결과이다.
⑤ ㉥을 통해 ㉡이 검증되었다.

4 사회 집단과 사회 조직의 이해

문제분석 A는 이익 사회, B는 공식 조직, C는 자발적 결사체, D는 비공식 조직이다.

정답찾기 ㄱ. A는 이익 사회, B는 공식 조직, C는 자발적 결사체, D는 비공식 조직이다.
ㄷ. 모든 비공식 조직은 공식 조직 내에서 업무 이외의 공통의 관심사 실현을 위해 형성된다.

오답피하기 ㄴ. 구성원의 본질 의지에 의해 형성되는 것은 공동 사회이다.
ㄹ. (가)는 '학교'가 될 수 있지만, (나)는 '대학교 총동창회'가 될 수 없다.

5 개인과 사회의 관계를 바라보는 관점의 이해

문제분석 A가 사회 실재론이면, 갑은 첫 번째, 두 번째, 네 번째 답변이 모두 틀려 최대 1점을 받게 되고, A가 사회 명목론이면, 갑의 첫 번째, 두 번째, 네 번째 답변은 모두 옳다. 따라서 A는 사회 명목론, B는 사회 실재론이다.

정답찾기 ㄱ. 개인의 속성이 모여 사회의 속성이 결정된다고 보는 관점은 사회 명목론이다.
ㄷ. (가)에는 '아니요'가 옳은 응답인 질문이 들어가야 한다. 사회가 개인의 권리 보장을 위한 수단에 불과하다고 보는 관점은 사회 명목론이다. 따라서 해당 질문은 (가)에 들어갈 수 있다.
ㄹ. 을의 점수가 2점이므로 ㉠은 '예'가 되어야 한다.

오답피하기 ㄴ. 사회가 허구적 실체에 불과하다고 보는 관점은 사회 명목론이다.

6 문화 변동의 요인 및 양상 이해

문제분석 갑국에서는 자극 전파에 의한 문화 변동이 나타났고, 을국에서는 직접 전파에 의한 문화 융합이 나타났다.

정답찾기 ⑤ 자극 전파와 문화 융합은 모두 새로운 문화 요소가 만들어진다. 따라서 해당 내용은 (다)에 들어갈 수 있다.

오답피하기 ① 갑국에서는 외재적 요인인 자극 전파에 의해 문화 변동이 나타났다.
② 을국에서는 문화 융합이 나타났는데, 이 경우 전통문화 요소의 정체성이 사라지지 않는다.
③ 갑국에서는 철갑을 두른 전차가 새로 등장하였고, 을국에서는 새로운 빵이 등장하였으므로 갑국과 을국 모두에서 물질문화의 변동이 나타났다. 따라서 해당 내용은 (가)에 들어갈 수 없다.
④ 문화 융합이 나타나는 경우 전파된 외래문화 요소가 재해석과 재구성을 거쳐 정착한다. 따라서 해당 내용은 (나)에 들어갈 수 없다.

7 사회 변동 이론의 이해

문제분석 A는 순환론, B는 진화론이다.

정답찾기 ㄴ. 진화론은 서구 사회가 가장 발전한 사회라고 보므로 서구 제국주의를 정당화하는 논리로 이용될 수 있다.
ㄷ. 순환론은 미래에 나타날 사회 변동을 예측하고 대응하는 데 부적합하다는 비판을 받는다.

 ㄱ. 순환론은 운명론을 바탕으로 사회 변동을 설명하므로 인간의 자율성과 능동성을 경시한다는 비판을 받는다.

ㄹ. 모든 사회가 소멸의 운명을 피할 수 없다고 보는 이론은 순환론이다. 따라서 해당 내용은 (가)에 들어갈 수 있다.

8 인구 구성의 분석

 제시된 자료를 바탕으로 갑국과 을국의 인구 구성을 나타내면 다음과 같다.

(단위: %)

구분	갑국	을국
유소년 인구	30	20
부양 인구	50	40
노년 인구	20	40

 ② 갑국과 을국의 부양 인구가 동일하므로 을국의 총인구는 갑국의 1.25배이다. 갑국의 총인구가 100명이라면 을국의 총인구는 125명, 갑국의 노년 인구는 20명, 을국의 노년 인구는 50명이다. 즉, 노년 인구는 을국이 갑국의 2.5배이다.

 ① 유소년 인구는 갑국이 을국의 1.5배보다 적다.

③ 부양 인구 비율은 갑국(50%)이 을국(40%)보다 높다.

④ 노년 인구 100명당 부양 인구는 갑국(250명)이 을국(100명)보다 많다.

⑤ 갑국의 노년 인구 비율(20%)은 을국의 유소년 인구 비율(20%)과 같다.

9 산업 사회와 정보 사회의 이해

 A는 산업 사회, B는 정보 사회이고, (가)에는 정보 사회보다 산업 사회에서 높거나 강하게 나타나는 특징이 들어가야 한다.

 ㄱ. 산업 사회는 정보 사회보다 직업의 동질성 정도가 높다.

ㄷ. 갑이 을로부터 '가정과 일터의 결합 정도'가 적힌 카드를 가져와야 2점을 얻을 수 있다.

 ㄴ. 산업 사회는 정보 사회보다 먼저 등장하였다.

ㄹ. '구성원 간 익명성 정도'는 산업 사회보다 정보 사회에서 강하게 나타난다.

10 사회 보장 제도의 분석

 (가)는 공공 부조인 기초 연금 제도, (나)는 사회 보험인 국민연금 제도이다. A 지역의 전체 인구가 200명일 때 C 지역의 전체 인구는 100명이므로 A 지역 전체 인구를 100명이라고 가정하여 제시된 자료를 바탕으로 지역별 수급자 상황을 나타내면 다음과 같다.

구분	A 지역	B 지역	C 지역	전체
기초 연금 제도의 수급자 비율(%)	5	6	8	6
기초 연금 제도의 수급자 수(명)	10	12	8	30
국민연금 제도의 수급자 비율(%)	20	45	20	30
국민연금 제도의 수급자 수(명)	40	90	20	150

 ㄱ. 선별적 복지 이념에 기초한 제도인 기초 연금 제도의 지역별 수급자 비율은 C 지역이 A 지역보다 높다.

ㄷ. 사전 예방적 성격이 강한 제도인 국민연금 제도의 경우 A 지역과 C 지역 수급자 수의 합은 60명으로 B 지역 수급자 수인 90명보다 적다.

ㄹ. 상호 부조의 성격을 갖는 제도인 국민연금 수급자 수 대비 수혜자 선정 과정에서 낙인이 우려되는 제도인 기초 연금 수급자 수는 A 지역이 1/4, B 지역이 2/15로, A 지역이 B 지역보다 크다.

 ㄴ. 두 제도 중 소득 재분배 효과가 더 큰 제도인 기초 연금 제도의 지역별 수급자 비율은 C 지역이 A 지역보다 높다.

13회 미니모의고사

본문 52~55쪽

1 ③	2 ②	3 ⑤	4 ⑤
5 ①	6 ③	7 ⑤	8 ⑤
9 ⑤	10 ①		

1 사회·문화 현상과 자연 현상의 이해

 ㉠, ㉣과 같은 현상은 사회·문화 현상, ㉡, ㉢과 같은 현상은 자연 현상에 해당한다.

 ③ 사회·문화 현상은 확률의 원리가 작용한다. 자연 현상은 존재 법칙의 지배를 받는다. 자연 현상은 보편성만 나타난다. 사회·문화 현상은 인간의 의지가 개입하여 나타난다.

2 사회·문화 현상을 바라보는 관점의 이해

 A는 상징적 상호 작용론이고, B와 C는 각각 기능론과 갈등론 중 하나이다.

 ② '기득권층의 이익을 옹호하는 논리로 사용될 수 있는가?'가 (가)에 들어가면, B는 기능론, C는 갈등론이다. 기능론은 사회 구성 요소의 기능과 역할이 사회 전체의 합의에 따른 것이라고 본다.

 ① 상징적 상호 작용론은 사회·문화 현상의 의미가 상황이나 맥락에 따라 달라진다고 본다.

③ '사회 불평등을 필수 불가결한 현상이라고 보는가?'가 (가)에 들어가면, B는 기능론, C는 갈등론이다. 기능론과 갈등론은 모두 사회 변동을 설명할 수 있다.

④ 집단 간의 갈등이 필연적이라고 보는 관점은 갈등론이다. 개인의 행위를 구속하는 사회 체계에 초점을 두는 관점은 거시적 관점인 기능론과 갈등론이다. 따라서 해당 질문은 (가)에 들어갈 수 없다.

⑤ 사회가 균형과 안정을 회복할 수 있는 힘을 갖는다고 보는 관점은 기능론이다. 사회적 희소가치를 둘러싼 집단 간의 대립에 초점을 두는 관점은 갈등론이다. 따라서 해당 질문은 (가)에 들어갈 수 있다.

3 양적 연구의 분석

문제분석 제시된 연구는 질문지법을 통해 자료를 수집·분석하여 가설을 검증한 양적 연구이다.

정답찾기 ⑤ 부모의 교육 방식이 강압적인 고등학생 중 학교 폭력 자행 빈도가 '상'인 고등학생은 30/60(50%)이고, 부모의 교육 방식이 비강압적인 고등학생 중 학교 폭력 자행 빈도가 '상'인 고등학생은 10/40(25%)이므로 〈가설 1〉은 타당하다. 자주 접하는 대중 매체의 폭력성이 높은 고등학생 중 학교 폭력 자행 빈도가 '상'인 고등학생은 15/45(약 33%)이고, 자주 접하는 대중 매체의 폭력성이 낮은 고등학생 중 학교 폭력 자행 빈도가 '상'인 고등학생은 25/55(약 45%)이므로 〈가설 2〉는 수용될 수 없다.

오답피하기 ① 실험 집단은 실험법에 적용되는 개념이다.
② ㉡과 ㉢은 모두 독립 변인이다.
③ 제시된 자료에서 2차 자료가 활용되었다는 내용은 없다.
④ 제시된 연구는 방법론적 일원론을 바탕으로 하는 연구 방법을 활용하였다.

4 일탈 이론의 이해

문제분석 (가)는 머튼의 아노미 이론, (나)는 낙인 이론이다.

정답찾기 ⑤ 머튼의 아노미 이론은 일탈을 규정하는 객관적 기준이 존재한다고 보고, 낙인 이론은 일탈을 규정하는 객관적 기준이 존재하지 않는다고 본다.

오답피하기 ① 타인과의 상호 작용에 의해 일탈 행동이 발생한다고 보는 이론은 차별 교제 이론과 낙인 이론이다.
② 일탈 집단 대신 정상적인 집단과의 교류가 일탈 행동을 억제한다고 보는 이론은 차별 교제 이론이다.
③ 문화적 목표와 제도적 수단 간의 괴리로 일탈 행동이 발생한다고 보는 이론은 머튼의 아노미 이론이다.
④ 일탈 행동을 정당화하는 가치관을 학습함으로써 일탈 행동이 발생한다고 보는 이론은 차별 교제 이론이다.

5 문화 변동의 양상 이해

문제분석 A는 문화 융합, B는 문화 병존, C는 문화 동화이다.

정답찾기 ① '전통문화 요소의 정체성이 소멸하는가?'에 대한 문화 융합과 문화 병존의 응답은 모두 '아니요'이다.

오답피하기 ② '새로운 문화 요소가 창조되는가?'에 대한 문화 융합의 응답은 '예'이고, 문화 동화의 응답은 '아니요'이다.
③ '외래문화 요소의 형태와 정체성이 그대로 유지되는가?'에 대한 문화 병존과 문화 동화의 응답은 모두 '예'이다. 따라서 해당 질문은 (가)에 들어갈 수 없다.
④ '우리나라에서 서양식 나이 계산 방식과 선봉석 나이 계산 방식을 함께 사용하는 것'은 문화 병존의 사례이다.
⑤ '아메리카 원주민이 자신의 전통 언어를 상실하고 유럽의 언어를 사용하는 것'은 문화 동화의 사례이다.

6 사회 집단과 사회 조직의 이해

문제분석 대화를 통해 사회 집단 및 사회 조직을 파악할 수 있다.

정답찾기 ③ 회사는 이익 사회이고, 가족은 공동 사회이다.

오답피하기 ① 사내 산악회는 자발적 결사체이자 비공식 조직에 해당한다.
② 회계사는 을의 성취 지위가 아니다.
④ 영업팀과 야간 대학은 모두 자발적 결사체가 아닌 공식 조직으로, 가입과 탈퇴가 자유롭다고 볼 수 없다.
⑤ 사내 산악회는 대학교 총동창회와 달리 비공식 조직이다.

7 절대적 빈곤과 상대적 빈곤의 이해

문제분석 ㉠이 갑이면 A는 절대적 빈곤, B는 상대적 빈곤이고, ㉠이 을이면 A는 상대적 빈곤, B는 절대적 빈곤이다.

정답찾기 ⑤ 우리나라에서는 절대적 빈곤과 상대적 빈곤 모두 객관화된 기준을 통해 파악한다. 해당 내용이 (가)에 들어가면 ㉠은 을이고, A는 상대적 빈곤, B는 절대적 빈곤이다.

오답피하기 ① ㉠이 갑이면, A는 절대적 빈곤이다. 절대적 빈곤선은 시대와 사회에 따라 달라질 수 있다.
② ㉠이 을이면, B는 절대적 빈곤이다. 절대적 빈곤은 개인이 주관적으로 체감하는 빈곤 상태를 의미하지 않는다.
③ ㉠이 갑이면, B는 상대적 빈곤이다. 상대적 빈곤은 해당 사회의 소득 분포를 고려하여 파악된다. 따라서 해당 내용은 (가)에 들어갈 수 없다.
④ ㉠이 을이면, B는 절대적 빈곤이다. 절대적 빈곤은 주로 저개발국에서 두드러지게 나타난다. 따라서 해당 내용은 (가)에 들어갈 수 있다.

8 사회 운동의 이해

문제분석 ㉠과 ㉡은 모두 사회 운동에 해당한다.

정답찾기 ⑤ ㉠은 현재 사회와 다른 모습을 가진 새로운 사회를 만들고자 하고, ㉡은 현재의 사회로부터 이주 노동자가 들어올 수 없었던 과거의 사회로 되돌아가고자 한다.

오답피하기 ① ㉠, ㉡은 사회의 부분적인 변화를 추구한다.
② ㉠, ㉡은 모두 참여자들의 경제적 이익을 중시한다.
③ 모든 사회 운동은 자신들의 신념과 가치관 등의 실현을 추구하므로 신념이나 가치관 등이 다른 사람들과의 갈등을 유발할 수 있다.
④ ㉠, ㉡은 참여자들 간 공통의 신념이나 가치관을 바탕으로 한다.

9 성 불평등 현상의 분석

문제분석 1980년에 남성 근로자 평균 임금을 100이라고 가정하면, {(100-여성 근로자 평균 임금)/100}×100＝30이므로 여성 근로자 평균 임금은 70이다. 1980년에 남성 근로자 평균 임금이 100이면, 2000년에 남성 근로자 평균 임금은 120이고, {(120-여성 근로자 평균 임금)/120}×100＝25이므로 여성 근로자 평균 임금은 90이다. 2000년에 남성 근로자 평균 임금이 120이면, 2020년에 남성 근로자 평균 임금은 150이고, {(150-여성 근로자 평균 임금)/150}×100＝20이므로 여성 근로자 평균 임금은 120이다. 1980년에 남성 근로자 중 임원의 비율이 10%이고, {(10-여성 근로자 중 임원의 비율)/10}×100＝90이므로 여성 근로자 중 임원의 비율은 1%이다. 2000년에 남성 근로자 중 임원의 비율이 10%이고, {(10−여성 근로자 중 임원의 비율)/10}×100=80이므로 여성 근로자 중 임원의 비율은 2%이다. 2020년에 남성 근로자 중 임원의 비율이 10%이고, {(10−여성 근로자 중 임원의 비율)/10}×100=50이므로 여성 근로자 중 임원의 비율은 5%이다. 이를 나타내면 다음과 같다.

구분		1980년	2000년	2020년
평균 임금	남성 근로자	100	120	150
	여성 근로자	70	90	120
임원 비율(%)	남성 근로자	10	10	10
	여성 근로자	1	2	5

정답찾기 ⑤ 매년 남성 근로자 수와 여성 근로자 수가 같으므로 전체 임원 중 여성 임원의 비율은 1980년이 (1/11)×100, 2000년이 (2/12)×100, 2020년이 (5/15)×100이다. 따라서 전체 임원 중 여성 임원의 비율은 1980년이 10%보다 낮고, 2000년이 20%보다 낮으며, 2020년이 30%보다 높다.

오답피하기 ① 여성 근로자 중 임원의 비율은 1980년이 1%, 2000년이 2%이므로 2000년이 1980년의 2배이다.

② 남성 근로자 수와 여성 근로자 수가 같으므로 1980년에 전체 근로자 평균 임금 대비 여성 근로자 평균 임금은 70/85이다. 따라서 여성 근로자 평균 임금은 전체 근로자 평균 임금의 70% 수준을 넘는다.

③ 남성 근로자와 여성 근로자 간 평균 임금 차이는 2000년과 2020년이 각각 30으로 같다.

④ 2000년의 여성 근로자 평균 임금이 90이고, 1980년의 남성 근로자 평균 임금이 100이므로 2000년의 여성 근로자 평균 임금은 1980년의 남성 근로자 평균 임금보다 적다.

10 인구 구성의 분석

문제분석 제시된 자료를 바탕으로 갑국과 을국의 인구 구성을 나타내면 다음과 같다.

(단위: %)

구분	갑국		을국	
	t년	t+80년	t년	t+80년
0~14세 인구(유소년 인구)	50	20	30	30
15~64세 인구(부양 인구)	30	60	40	30
65세 이상 인구(노인 인구)	20	20	30	40

정답찾기 ① t+80년에 노령화 지수는 갑국이 100, 을국이 약 133으로, 갑국이 을국보다 작다.

오답피하기 ② t+80년에 부양 인구 대비 유소년 인구는 갑국이 1/3, 을국이 1로, 을국이 갑국보다 크다.

③ 갑국의 경우 총인구 중 부양 인구 비율은 t년이 30%, t+80년이 60%이다.

④ 을국의 경우 총인구 중 노인 인구 비율은 t년이 30%, t+80년이 40%로, t+80년의 노인 인구 비율은 t년의 2배에 미치지 못한다.

⑤ t년과 t+80년에 갑국과 을국 모두 총인구에서 노인 인구가 차지하는 비율이 20% 이상이므로 초고령 사회에 해당한다.

14회 미니모의고사

1 ③	2 ④	3 ③	4 ③
5 ④	6 ③	7 ④	8 ④
9 ④	10 ③		

1 사회·문화 현상과 자연 현상의 이해

문제분석 ㉠, ㉢과 같은 현상은 자연 현상, ㉡, ㉣과 같은 현상은 사회·문화 현상에 해당한다.

정답찾기 ③ 사회·문화 현상은 당위 규범을 반영하여 발생하고, 자연 현상은 존재 법칙을 따른다.

오답피하기 ① 사회·문화 현상은 개연성, 자연 현상은 필연성으로 설명된다.

② 사회·문화 현상은 보편성과 특수성이 함께 나타난다.

④ 자연 현상은 존재 법칙으로 설명된다.

⑤ 자연 현상은 인과 관계가 명확하지만, 사회·문화 현상은 인과 관계가 명확하지 않다.

2 사회·문화 현상을 바라보는 관점의 이해

문제분석 〈카드 1〉은 기능론, 〈카드 2〉는 상징적 상호 작용론, 〈카드 3〉은 갈등론, 〈카드 4〉는 기능론, 〈카드 5〉는 기능론, 갈등론, 상징적 상호 작용론, 〈카드 6〉은 기능론, 갈등론, 〈카드 7〉은 갈등론에 해당하는 내용이다.

정답찾기 ④ 갑이 뽑은 〈카드 3〉, 〈카드 6〉의 점수는 2점이다. 따라서 을이 이길 수 있는 카드의 조합은 3점 이상이 나와야 한다. 〈카드 5〉가 3점이고 나머지 카드는 모두 1점이므로 〈카드 1〉, 〈카드 5〉 조합, 〈카드 2〉, 〈카드 5〉 조합, 〈카드 4〉, 〈카드 5〉 조합, 〈카드 5〉, 〈카드 7〉 조합의 4가지 경우가 있다.

오답피하기 ① 〈카드 1〉, 〈카드 2〉, 〈카드 3〉, 〈카드 4〉, 〈카드 7〉 중 2개를 뽑으면 최소 1점이 된다.

② 〈카드 5〉, 〈카드 6〉을 뽑은 경우 최대 6점이 될 수 있다.

③ 갈등론의 내용이 있는 카드는 〈카드 3〉, 〈카드 5〉, 〈카드 6〉, 〈카드 7〉이다. 이 중 〈카드 3〉, 〈카드 7〉의 조합은 1점이 된다.

⑤ 상징적 상호 작용론의 내용이 없는 카드는 〈카드 1〉, 〈카드 3〉, 〈카드 4〉, 〈카드 6〉, 〈카드 7〉이므로 이 중 2개 카드로 만들 수 있는 조합의 최대 점수는 2점이다.

3 양적 연구의 분석

문제분석 갑은 질문지법을 활용하여 양적 연구를 진행하였고, 을은 면접법을 활용하여 질적 연구를 진행하였다.

정답찾기 ③ '고등학생들의 학습에 대한 긴장 정도'를 '교과 학습에 대한 부담 지수와 긴장 지수'로, '학업 성취도'를 '내신 성적'으로 개념의 조작적 정의를 통해 변환하여 조사하였다.

오답피하기 ① 고등학생들의 학습에 대한 긴장 정도와 학업 성취도 간의 관계를 연구한다는 것만 나타나 있을 뿐, 명확한 가설이 제시되어 있지 않으므로 종속 변수라고 단정할 수 없다.

② ⓒ은 갑이 진행한 연구의 표본이고, ⓓ은 을이 진행한 연구의 표본이다.
④ ⓔ은 면접법을 의미하므로, 주로 질적 연구에서 사용된다. 따라서 방법론적 이원론을 근거로 한다.
⑤ 갑과 을의 연구로 도출된 결과가 서로 부합하지 않을 뿐, 종속 변수와 독립 변수 간에 상관관계가 없다고 단정할 수 없다.

4 자료 수집 방법의 이해

문제분석 질문지법은 참여 관찰법에 비해 수집된 자료의 통계적 처리가 용이하다. 참여 관찰법은 질문지법에 비해 자료의 실제성을 확보하기에 유리하다. 참여 관찰법은 질문지법과 달리 주로 질적 연구에서 활용된다. 갑이 2점을 획득하기 위해서는 A가 질문지법, B가 참여 관찰법이어야 한다.

정답찾기 ③ 참여 관찰법은 가장 비구조화·비표준화된 방법이므로 자료 수집 상황에서 연구자의 통제 정도가 낮다.

오답피하기 ① 을은 1점을 획득하였으므로 (가)에는 '아니요'가 들어갈 수 없다.
② 질문지법은 참여 관찰법에 비해 시간과 비용 측면에서 효율적이다.
④ 질문지법과 참여 관찰법은 모두 경험적 자료의 수집에 적합하다.
⑤ 질문지법은 참여 관찰법과 달리 자료 수집 과정에서 언어적 상호 작용이 필수적이다.

5 사회 집단과 사회 조직의 이해

문제분석 공식 조직은 ○○ 기업, 시민 단체 2개이고, 자발적 결사체는 사내 볼링 동호회, △△ 아파트 등산 동호회, 시민 단체 3개이며, 비공식 조직은 사내 볼링 동호회 1개이다.

정답찾기 ④ 공식적 수단에 의한 통제가 일반적인 것은 공식 조직이다. 공식 조직은 2개이다. 따라서 해당 질문은 (다)에 들어갈 수 있다.

오답피하기 ① ○○ 기업, 사내 볼링 동호회, △△ 아파트 등산 동호회, 시민 단체는 모두 이익 사회이다. 따라서 해당 질문은 (가)에 들어갈 수 있다.
② 공식 조직을 배경으로 해서 존재하는 것은 비공식 조직이다. 비공식 조직은 사내 볼링 동호회 1개이고, 비공식 조직이 아닌 것은 3개이다. 따라서 해당 질문은 (나)에 들어갈 수 있다.
③ 구성원의 선택적 의지에 의해 형성된 집단은 이익 사회이다. ㉠~㉣ 모두 이익 사회이다. 따라서 해당 질문은 (나)에 들어갈 수 없다.
⑤ 공통의 이해관계나 관심을 가진 사람들이 자발적으로 만든 집단은 자발적 결사체이다. 자발적 결사체는 3개이다. 따라서 해당 질문은 (다)에 들어갈 수 없다.

6 문화의 의미와 속성 이해

문제분석 '장례 문화'에서의 '문화'는 넓은 의미의 문화에 해당한다.

정답찾기 ③ 갑국의 장례 풍습을 본 다른 나라 사람들이 낯설어 하는 것은 자기가 속한 문화에서 익숙하지 않은 것에 대한 당연한 반응에 해당하므로 문화의 공유성으로 설명할 수 있다.

오답피하기 ① '정령 신앙'은 비물질문화에 해당한다.
② '노인 문화'에서의 문화는 넓은 의미의 문화에 해당한다.
④ 원활한 사회생활이 가능하게 하는 것은 문화의 공유성이다. 갑국 사람들에게 장례 문화는 축제의 장으로 인식된다는 것을 통해 문화의 공유성을 도출할 수 있다.
⑤ 문화의 전체성은 문화의 각 요소들이 상호 유기적으로 연결되어 있음을 의미한다. 갑국의 장례 문화가 갑국의 실업 문제 해결에 기여한다는 것을 통해 문화의 전체성을 도출할 수 있다.

7 문화 변동의 양상 이해

문제분석 (가)에는 문화 동화, (나)에는 문화 병존이 나타났다.

정답찾기 ㄱ. 문화 병존은 자기 문화의 정체성을 유지한 경우이고, 문화 동화는 자기 문화의 정체성을 상실한 경우이다. 따라서 해당 질문은 ㉠에 들어갈 수 있다.
ㄷ. 문화 동화와 문화 병존은 모두 외래문화가 원형 그대로 수용, 정착된 것이다. 따라서 해당 질문은 ㉡에 들어갈 수 있다.
ㄹ. 문화 동화와 문화 병존은 모두 외재적 요인에 의한 문화 변동에 해당한다. 따라서 해당 질문은 ㉡에 들어갈 수 있다.

오답피하기 ㄴ. 변동의 시간을 기준으로 문화 동화와 문화 병존을 구분할 수는 없다. 따라서 해당 질문은 ㉠에 들어갈 수 없다.

8 순환론과 진화론의 이해

문제분석 A가 진화론, B가 순환론이면, 첫 번째 질문과 세 번째 질문에 대한 갑의 답변은 옳지 않아 갑의 점수는 최대 2점이 된다. 따라서 A는 순환론, B는 진화론이다.

정답찾기 ㄴ. 진화론은 서구 사회를 진보된 사회로 전제하므로 서구 제국주의의 역사를 정당화하는 수단으로 악용될 수 있다는 비판을 받는다.
ㄹ. 첫 번째 질문과 세 번째 질문에 대한 갑의 답변은 옳고, 두 번째 질문에 대한 갑의 답변은 옳지 않다. 갑의 점수가 3점이 되기 위해서는 (가)에는 '예'가 옳은 응답인 질문이 들어가야 한다. 진화론은 순환론과 달리 사회가 일정한 방향성을 가지고 변동한다고 본다. 따라서 해당 질문은 (가)에 들어갈 수 있다.

오답피하기 ㄱ. 사회가 단순한 형태에서 복잡한 형태로 발전한다고 보는 이론은 진화론이다.
ㄷ. 두 번째 질문에 대한 을의 답변은 옳고, 첫 번째 질문과 (가)에 대한 을의 답변은 옳지 않으므로 을의 점수가 2점이 되기 위해서는 세 번째 질문에 대한 을의 답변이 옳아야 한다. 따라서 ㉠은 '예'이다.

9 산업 사회와 정보 사회의 이해

문제분석 A가 정보 사회, B가 산업 사회라면, 1번~3번에 대한 채점 결과, 갑의 점수는 2점이 된다. 따라서 A는 산업 사회, B는 정보 사회이다. 이 경우 1번~3번에 대한 채점 결과, 갑의 점수는 1점, 을의 점수는 2점이 되므로 4번에 대한 갑과 을의 답변은 모두 틀린 답변이어야 한다.

 ㄱ. 갑의 점수는 1점이므로 1번~3번 중 맞은 것은 2번이고, 1번, 3번, 4번은 틀렸다. 을의 점수는 2점인데 1번, 3번이 맞았으므로 2번과 4번은 틀렸다.

ㄷ. 4번은 갑과 을 모두 틀렸다. 비대면 접촉 비중은 산업 사회보다 정보 사회가 높으므로 A>B는 틀렸다.

ㄹ. 4번은 갑과 을 모두 틀렸다. 관료제 조직의 비중은 정보 사회보다 산업 사회가 높으므로 A<B는 틀렸다.

 ㄴ. 구성원 간의 익명성 정도는 정보 사회가 산업 사회보다 높다.

10 인구 구성의 분석

 1990년에 갑국에서 총인구 중 15~64세 인구 비율이 65%이므로 0~14세 인구 비율과 65세 이상 인구 비율의 합은 35%이다. 1990년에 총인구 중 0~14세 인구 비율을 x%라고 가정하면, $\{(35-x)/x\}\times100=40$이므로 0~14세 인구 비율은 25%, 65세 이상 인구 비율은 10%이다. 제시된 자료를 바탕으로 갑국과 을국의 인구 구성을 나타내면 다음과 같다.

(단위: %)

구분	갑국		을국	
	1990년	2020년	1990년	2020년
0~14세 인구	25	20	24	15
15~64세 인구	65	65	64	64
65세 이상 인구	10	15	12	21
계	100	100	100	100

 ③ 갑국에서 15~64세 인구 1명당 65세 이상 인구는 1990년이 10/65이고, 2020년이 15/65이므로 2020년이 1990년의 1.5배이다.

 ① 1990년에 총인구 중 0~14세 인구 비율은 갑국이 25%, 을국이 24%이므로 갑국이 을국보다 높다.

② 1990년 대비 2020년에 갑국, 을국 모두에서 15~64세 인구가 30% 증가하였는데, 총인구 중 15~64세 인구 비율은 변동이 없다. 이는 총인구 증가율과 15~64세 인구 증가율이 각각 30%로 같음을 의미한다. 갑국의 경우 1990년에 총인구를 100a명이라고 가정하면, 0~14세 인구는 25a명이고, 2020년에 총인구는 130a명, 0~14세 인구는 26a명이다. 따라서 갑국에서는 1990년 대비 2020년에 0~14세 인구가 증가하였다. 을국의 경우 1990년에 총인구를 100b명이라고 가정하면, 0~14세 인구는 24b명이고, 2020년에 총인구는 130b명, 0~14세 인구는 19.5b명이다. 따라서 을국에서는 1990년 대비 2020년에 0~14세 인구가 감소하였다.

④ 을국의 경우 2020년에 총인구 중 0~14세 인구 비율은 15%, 1990년에 총인구 중 65세 이상 인구 비율은 12%이다.

⑤ 1990년과 2020년을 비교할 때, 갑국은 고령화 사회에서 고령 사회로, 을국은 고령화 사회에서 초고령 사회로 변동하였다.